KB269451

서문문고
193

항일민족시집

안중근 외 50인 지음

신 동 한 엮음

민족혼의 결정

— 항일민족시집의 시세계—

申 東 漢

우리나라 저항문학의 근간을 이루고 있는 것은 한말에서 일제강점기에 이르는 제국주의 침략 아래에서 크게 읊고 노래부른 항일의 漢詩와 歌辭라고 할 수 있을 것이다.

조선 5백년의 봉건적인 정치체제가 개화의 물결을 타 서서히 무너지기 시작하고 이와 때를 같이하여 淸·露·日의 세력이 이 땅을 엄습해 왔다. 이러한 와중에서도 개화와 斥邪의 논란은 거듭되었으나 민족자주 세력은 크게 형성되지 못하고 청일·노일 전쟁 끝에 우리나라는 드디어 일본에 병합되고 말았다.

이러한 격동기에 나라와 겨레를 지키는 前衛의 구실을 해준 것이 바로 의병봉기라고 할 수 있다. 당시 뜻이 있는 官과 野의 인재들이 의병장이 되어 항일에 앞장서고, 순국하는 장렬한 모습을 보여 주었다.

이러한 史實은 여러 가지 저술로 그동안에도 많이 알려져 왔지만, 그들의 높은 기개와 숭고한 애국·애족의 정신은 한말에 나타난 憂國漢詩와 憂國歌辭를 통해 절실하게 표현되어 오늘의 독자에게도 폐부를 찌르는 깊은 감동을 던져 준다.

　우리의 지난날 역사를 더듬어 볼 때 한말과 일제하의 저항처럼 격렬하고 단결된 힘을 보여 준 일은 일찍이 없었다. 그만큼 민족의 자각이 고조되고 자주의식이 팽배했다고도 할 수 있다.

　이것의 문학적인 발로가 抗日漢詩와 抗日歌辭인 것이다. 여기에 맥맥히 흐르고 있는 것은 뜨거운 민족애와 고결한 애국정신이다.

　그동안 근대문학의 연원을 六堂 崔南善의 新體詩〈해에게서 소년에게〉 등에서 찾고 부질없이 시대 구분에만 치중하여 민족문학의 참다운 근대적인 맹아를 제대로 인식하지 못하고 있었다고도 할 수 있다.

　그 원인은 여러 가지가 있겠지만, 그중에서도 우국한시나 우국가사가 무엇보다 근대적인 민족문학의 기틀이 되었어야 했을 터인데 그것이 제대로 정리가 되지 않고 散帙되어 정당한 평가를 받지 못한 데에 있는 것이다.

　근래에 와서 소장국문학자 사이에서 이러한 우국한시와 우국가사에 대한 논의가 대두되고 있는 것은, 그것의 문학적 평가에 앞서 민족문학의 근대화 과정을 살펴 나가는데 주목할 만한 일이 아닐 수 없다.

　여기에　≪항일민족시집≫이라는 이름 속에 담긴 시들은 한말의 의병장 柳麟錫의 항일한시에서부터, 일제말의 민족시인 尹東柱에 이르기까지의 한시, 가사, 시들을 가능한 한 모든 자료를 찾아 모아 엮은 것이다.

　물론 이 시 작품의 배열은 어느 체계를 가지고 해나갔다기보다는 시대순을 따르고 있다. 그 이외의 적당한 방법이 있을 것 같지 않았기 때문이다.

어쨌든 항일민족시라는 범주에 들어갈 수 있는 작품은 그것이 문학작품으로 약간 치졸하더라도 저류에 흐르는 저항정신을 높이 사야 한다는 점에서, 또 자료적인 가치면에서 모두 실었다.

이 항일민족시집에는 한말의 항일한시와 항일가사가 많은 부분을 차지하고, 일제하에서 작품활동을 한 시인들의 항일시라고 할 만한 것들은 그 대표적인 것들만을 추렸다.

그것은 다른 뜻에서가 아니라 이미 널리 알려져 있는 일제하의 많은 작품은 그동안에 시집으로도 나와 있고 많은 논의의 대상이 되기도 하기 때문이다.

그 출전을 보면, 한시는 개인 문집에서 뽑은 것이 많고 가사는 거의가 〈大韓每日申報〉와 〈독립신문〉 등에서 채록된 것이다 또 독립운동사를 엮은 사료 안에서 얻은 것도 있고, 어떤 것은 일본 경찰의 보고서에 일역되었던 것을 우리말로 다시 옮긴 것도 있다.

이 피맺힌 애국·애족의 저항시는 일제의 탄압이 극심해 감에 따라, 자취를 찾아보기 어려워졌다. 일제의 탄압은 언어의 말살과 함께 우리의 민족문화를 왜곡·동화의 길로 몰고 갔던 것이다.

8·15 광복과 함께 우리는 언어와 국토을 되찾기는 했으나, 민족 분단의 비극은 아직도 통일의 염원을 불투명한 앞날에 가로놓이게 했다.

뿐만 아니라 2차대전의 패전국이요, 제국주의에 앞장섰던 일본은 전후의 미묘한 국제 정세를 교묘하게 헤엄쳐, 세계 속에 경제대국으로 군림하고 있다.

이러한 마당에서 우리가 굳이 배일의 편협에 흐를 필요는 없겠으나 그들을 경계하여야 한다는 것은 지난날의 쓰라린 역사를 되새기지 않더라도 당연한 일이라고 할 수밖에 없다.

문학이 언제나 현실을 떠나서 존립할 수 없다는 것은 누구나가 하는 말이다. 그리고 그 뒷받침이 되는 것은 굳센 저항의 정신일 것이다.

우리 민족의 자랑스러운 저항문학의 본보기로서도 항일민족시는 가장 뛰어난 것이라고 할 수 있다. 이것이 그저 문학사의 한 자리만을 차지하는 것으로, 과거의 것으로만 평가되어서는 안 된다.

한말과 일제하에서 우리의 선인들이 읊은 항일시는 앞으로 새로운 민족문학을 수립해 나가는데 가장 귀중한 밑거름이 되어 줄 것이며, 겨레의 넋을 일깨우는 목소리가 되어 줄 것이다.

앞으로도 항일의 한시와 가사, 그리고 시들은 더욱 널리 발굴되고 또 많이 읽혀져야 할 것이다.

우리의 심금을 울리는 이 저항시를 썼던 당시의 상황과 비겨, 오늘의 현실은 조금도 안온하지 않은 어려운 시련 속에 놓여 있다. 항일시가 우리의 숭고한 민족혼의 결정이라는 것을 생각할 때, 이 작품들은 험난한 길을 걸어가는 겨레에게 희망과 용기를 일깨워 주고, 살아가는데 의욕을 북돋아 줄 것이다.

그러한 뜻에서도 우리는 앞으로 더욱 충실하고 광범위한 항일민족시집을 꾸며 나가기 위해 힘을 기울여야 할 줄 안다.

항일민족시집

차 례

아아 내 나라가

毅庵의 憂國詩

悼倭奴合邦時死節諸公

화풍(華風)이 끊어지고 나라 망한 망극 중에
죽지 않곤 뱃길 수 없어 여러분1)이 죽었도다
천지간에 의리가 이같이 지중하니
열성(列聖)의 선비 기른 공이 이처럼 깊도다

〈原詩〉
華絶國亡罔極中
不容無死死諸公
二儀至重常經義
列聖編深培養功

작자 : 毅庵 柳 麟 錫(1842~1915)
※ 한말 유학자·항일 의병장. 망국의 비분을 이기지
  못해 자결한 死節諸臣을 생각하며 읊은 漢詩. 경술
  합병이 있은 2년 뒤에 지은 것은 일부만 소개한 것
  이다.
출전 : ≪毅庵集≫ 권1에서

---

1) 시종무관장 閔泳煥, 특진관 趙秉世, 법부주사 宋秉瓚, 前 참정 洪
  萬植, 참찬 李相卨, 주영공사 李漢應, 학부주사 李相哲, 병정 全奉
  學·尹斗炳·宋秉璿 등을 가리킴.

聞錦溪叱却倭奴所稱恩金

왜놈들이 돈을 주어 은사금이라 하였지만
화를 내는 소리는 청천의 벽력이라
멀리서 이 친구는 마음으로 경복하니
금계옹의 높은 뜻 태산같이 우뚝하네

〈原詩〉
倭以金來曰恩金
怒聲雷發靑天中
萬里友人心敬服
高如山岳錦溪翁

※ 작자는 갑오경장 후 친일 김홍집 내각에 저항, 의
   병을 일으켜 제천·단양·원주·안동 등지에서 싸
   우다가 실패하여 만주로 망명했다.
    이 시는 왜놈이 내린 은사금을 물리친 錦溪翁의
   뜻을 기려서 읊은 漢詩.
   출전 : ≪毅庵集≫-권1에서

規堂의 血詩

지사는 낮은 생활을 잊지 않고
용사는 목숨 바칠 것 잊지 않네
차라리 머리 없는 귀신 될망정
머리 깎은 사람은 아니되련다.

〈原詩〉
志士不忘在溝壑
勇士不忘喪其元
寧作斷頭鬼
不爲剃髮人

　　작자 : 規堂 安 炳 瓚(1854~1921)
　　※ 작자는 독립운동가·의병장. 그가 제 손으로 목을
　　　찔러 의식을 잃었다가 혼수 상태에서 깨어나 목에
　　　서 나는 피를 찍어 쓴 血詩.
　　　 이 시를 간수를 시켜 변절자 이승우에게 전했다고
　　　한다.
　　출전 : ≪洪陽紀事≫에서

志山의 憂國詩

次復庵李公談字韻

초연히 홀로 앉아 누구와 말을 할까
담벽만 보노라니 남산을 못 보겠네
대쪽 같은 절개로 나라 위하는 사람 적고
파랗게 된 추한 얼굴로 나라 그르치는 놈만 많구나

〈原詩〉
獨坐悄然誰公談　面墻無路見終南
報君人小堅如竹　誤國姦多醜似藍

작자 : 志山　金福漢(1860~1924)
※ 한말 항일의사. 단발령이 내리자 이설 등과 같이 起
義함. 사람들은 이설·안병찬·송병직·이상린·홍
건 등과 함께 김복한을 六義士라 했다. 이 시는 이설
의 談字韻에 次韻한 우국 漢詩이다.
출전 : ≪志山集≫에서

李忠武墓

충절과 신지(神智)는 갈수록 빛이 나고
그 공은 하늘을 깁고, 태양을 멱감기는도다
천년이 가도 그 영혼 어둡지 않는다면

반드시 나라 위해 영묘한 힘 보이리라

〈原詩〉
精忠神智久愈光　補得蒼蒼浴太陽
千載英魂如不昧　應令國祖尙靈長

　　※ 補天之功을 세운 忠武公의 精忠을 찬양한 애국시.
　　출전 : ≪志山集≫에서

聞安重根事有感

제갈량은 유씨를 돕고 장양은 한(韓)에 보답하느라
고심한 대의는 불꽃같이 빛났으나
골짜기에서 불이 꺼지고 철퇴를 헛날렸으니
이 모두 하얼삔의 총알 하나만 못하니라

〈原詩〉
諸葛扶劉張報韓　苦心大義炳如丹
谷中火熄椎虛擲　摠讓爾賓一砲丸

　　※ 安義士가 하얼빈 역두에서 이토 히로부미를 저격한
　　　장거를 찬탄한 漢詩. 삼국지에 제갈량이 중달의 군
　　　사를 골짜기에 유도했으나 비가 내려서 火攻을 못
　　　하였고, 장양이 철퇴를 휘둘렀으나 진시황을 죽이
　　　지 못한 것을 들어 비웃고 안의사의 장거를 찬양하
　　　고 있다.
　　출전 : ≪志山集≫에서

復菴의 詩

목을 끊을망정 단발이야 하리
몸은 삭아도 이름은 삭지 않아
만년을 내린 문명의 전통이
네 한 사람 힘입어 지켜지도다
그대는 의거를 주장했었고
나는 상소로 항쟁하려 했으니
뜻한 바는 비록 각기 다르지마는
같이 죽어 이름은 함께 전하리

〈原詩〉
頸斷髮豈斷　身朽名不朽
萬古華夷防　賴汝一人守
君主擧義論　我欲抗疏爭
所志雖自異　同死由齊名

작자 : 復菴 李　偰(1850~1911)
※ 한말 항일의사. 민비 살해사건에 분노를 느낀 애국
　 지사들이 의병을 일으켜 싸우다가 붙잡혔다. 작자
　 는 죽을 것을 예상하고 어머니에게 마지막 이별을
　 아뢰는 편지를 쓴 후 의병 동지 福漢과 함께 쓴 모
　 의만사(摹擬輓辭)가 바로 이 시이다.
　 출전 : ≪洪陽紀事≫에서

큰 군사 내려올 적에 북녘 바람 쌀쌀한데
왜적의 호각 소리 야단스레 들려오네
죄인을 다 죽인다고 공갈하지 마소
잠깐이면 죽는데 무엇이 어려우랴

〈原詩〉
大軍西下並風寒　倭角聲聲動地歡
休說罪人皆不免　片時之痛有何難

> ※ 왜병이 들어오자, 밀정과 기회주의자들은 자기 세상
> 이나 만난 듯 이웃에게 위협과 공갈을 일삼으며 다녔
> 다. 작자는 이 어두운 사회에 맞서 시를 읊었다.
> 출전 : ≪洪陽紀事≫에서

장부가 죽음을 아끼리오만
스스로 죽기란 가장 어려워
이 일을 능히 할 이 몇이나 될고
열렬한 한 사내 여기에 있네

〈原詩〉
丈夫非愛死　自死最難爲
幾人同此事　列烈一男兒

> ※ 의병투사 안병찬이 서울로 압송되어 와 이승우의
> 변절을 알고 통분하여 제 손으로 제 목을 찔러 피
> 를 흘리며 쓰러진 것을 같이 있던 작자가 보고 그
> 참경을 읊은 輓章.
> 출전 : ≪洪陽紀事≫에서

뉘집의 의병대열이 홍주 동쪽으로 나아가나
이 이가 그 옛날 목을 찌르던 의사라네
이 세상 사람들 속으로 웃지 마오
앉아서 좋은 말 하는 것이야 무슨 공이 있으랴

〈原詩〉
誰家義旅赴洪東　云是當年刎頸公
可笑時人休竊笑　坐談龍肉有何功

　　※ 작자는 1905년 을사조약이 늑체되자 매국 五賊臣
　　　의 처형을 상소하다가 체포되었다.
　　　　시 중에 '목을 찌르던 의사'는 의병장 안병찬을 말
　　　함. 그는 옥중에서 자신의 목을 찔러 血詩(規堂의
　　　血詩)를 썼다. 이 시는 안병찬이 다시 擧兵했다는
　　　소식을 듣고 기뻐서 읊은 것이다.
　　　출전 : 《洪陽紀事》에서

선죽교(善竹橋)의 피를
사람들은 슬퍼하지만 나는 그렇지 않아
외로운 신하가 나라 망한 뒤에
죽지 않고 다시 어찌할 것인가

〈原詩〉
善竹橋頭血　人悲我不悲
孤臣亡國後　不死更何爲

全海山의 抗日詩

서생(書生)이 무슨 일로 갑옷을 입었나
먹은 맘 다 틀어지니 한숨만 나오네
조정에서 날뛰는 놈의 꼴 통곡만 나고
해외에서 밀려온 적 말도 다 못하겠네

호남(湖南) 삼월에 오얏꽃이 지는데
보국할 서생이 갑옷을 푸니
산새도 또한 시사를 아는지
밤새도록 나를 불러 돌아가라 하노라

대낮에 흐르는 강물 슬픈 소리 울먹이고
푸른 하늘 실버들에 젖는 비 흐느껴
이제는 영산길 다시 못 가리니
죽어 두견새 되어 피울음을 울으리

〈原詩〉
書生何事着戎衣　太息如今素志遠
痛哭朝廷至作孽　忍論海外賊侵圍

XXXXXXXXX　XXXXXXXXX
XXXXXXXXX　XXXXXXXXX

白日呑聲江水逝　靑天咽泣雨絲柳
從今別却榮山路　化作啼鵑帶血歸

모든 會徒와 各道補助兵에게 通諭하노라

이 내 몸이 표탕(漂蕩)하여
지구열군(地球列郡) 유람하고
본국(本國)으로 올라오니
장할세라 좋을시고
금수강산 삼천리에
천부지국(天府之國)이 아닌가
단군 기자(檀君箕子) 수출(首出) 후에
나(羅) 여(麗)1) 점점 문명하여
성조(聖祖) 용흥(龍興)2) 장할시고
예의 문물 오백 년에 삼강오륜(三綱五倫)3) 밝았구나
집마다 효자요
사람마다 충신이라
소중화(小中華)4) 좋은 이름
천지(天地)간에 자랑하다
인천우로(仁天雨露) 휴양중에
조종 덕택 부모 정혈(精血)

---

1) 신라·고구려.
2) 李太祖의 祖先, 穆祖·翼祖·度祖·桓祖로부터 太宗까지를 일컬음.
3) 君爲臣綱·父爲子綱·夫爲婦綱·君臣有義·父子有親·夫婦有別
　·長幼有序·朋友有信.
4) 조선왕조.

이 한 놈이 생겼구나

이 한 놈이 생겼으니

어찌하여 이적(夷狄)되랴

이적 중에 태서인(泰西人)5)은

진순지기(眞淳之氣) 미산(未散)하여

점피덕화(漸被德化)하게 되면

사람 되기 쉽거니와

흉추최피(凶醜最彼) 왜노국(倭奴國)6)은

예의 염치 전혀 없어

기슬(蟣蝨)7) 적은 것이

사갈(蛇蝎)8) 성정(性情)이라

군신 부자 제 알소냐

난신 적자 접종(接踵)하여

시부여군(弑父與君) 저 군신(君臣)이

제 나라나 망할 계제

대방(大邦)을 탄병(呑幷)하려고9)

우리 난적(亂賊) 초인(招引)하여

저의 흉두(凶肚) 본받아서

오흉(五凶)10) 칠적(七賊)11) 천만적(千萬賊)이

---

5) 서양인.
6) 일본.
7) 남의 덕에 살아가는 사람을 비유하는 말.
8) 남을 해치는 사람을 비유하는 말.
9) 조선을 합병하려 함.
10) 乙巳保護條約에 찬성한 5大臣을 가리킴. 내무대신 李址鎔, 군부
    대신 李根澤, 법무대신 李夏榮, 학부대신 李完用, 농상공부대신 權
    重顯 등.
11) 해아 밀사 사건을 이유로 삼아, 고종황제를 폐위시켰던 7大臣을

조정(朝廷) 사방(四方) 포열(布列)하여
재상(宰相) 방백(方伯) 수령(守令)들과
일진(一進) 순사(巡査) 보조병(補助兵)이
구적병기(仇敵兵器) 둘러 메고
형제붕우(兄弟朋友)조차 잡아
우리 인종 다 멸한다
우리 인종 다 멸하면
저희는 살겠구나
파란(波蘭)·애급(埃及) 요원하여
이목불급(耳目不及) 되거니와
당당 월남(越南) 사천년의
우리 종교(宗敎) 숭상하여
중국 속방되었더니
불랑서(佛朗西)의 흉계로서
제반 학교 늑성(勒成)하고
재권정병(財權政柄) 다 빼앗아서
저의 계책 거의 되매
오십만 명 보조병을
후료(厚料)로 모집하여
장렬의병(壯烈義兵) 다 잡은 후에
함선제(咸宣帝)를 잡아가고
십세 소아 찬립12)하여

가리킴. 총리대신 李完用, 내부대신 任善準, 탁지부대신 高永喜,
군부대신 李秉武, 법무대신 趙重應, 학부대신 李載崑, 농공부대신
宋秉畯 등.
12) 七賊大臣들이 高宗을 위협하여 退位시키고 황태자〔坧〕를 즉위시
키려고 꾸민 사건.

심궁견고(深宮牽固)하여 놓고13)
보조료(補助料)를 전멸하고
편박낭자(鞭朴狼藉) 역사(役事) 중에
저의 성명(性命)이 가련하다
눈도 없고 귀도 없는
제반 회원 보조병아
우리 나라가 어찌 되며
우리 임금 어디 갔나
너의 성명 고사하고
너의 마음 쾌하겠다
너의 조선(祖先) 황천중에
열성조(列聖祖)를 모셨구나
사직 종묘 구허(邱墟)되면
무슨 안면 앙대(仰對)할까
신노(神怒) 사책(思責) 답지(遝至)하여
그 자손 생각하겠는가
그 후료(厚料)를 받아다가
처자(妻子) 먹여 무엇하랴
번연회오(幡然悔悟) 어렵잖다
제 총 들고 제 칼 가져
눈도 없고 발 없는 놈
도과섬멸(倒戈殲滅) 반장사(反掌事)라
살아서는 효자 충신
죽어서는 의귀(義鬼)로다
너의 화복 너 알아서

---

13) 일제의 흉계에 따라 황제(순종)를 창덕궁으로 옮긴 것을 말함.

오래 집미(執迷) 말아라
무지취사(無知就死) 민망하여
고자문유(故玆文諭) 일번통(一番通)에
병력소가(兵力所加) 요대(饒貸) 없어
이급처노(夷及妻孥) 할지니
격도여장(檄到如章) 무회(無悔)하라
　　　　(이하 불명)

〈原詩〉

大東義兵將은 以國漢文一檄歌로 通諭于諸會徒及各道
補助兵ᄒ노라.

「이닉몸이 漂蕩ᄒ야 地球列郡 遊覽하고 本國으로 도
라오니 壯ᄒᆯ셰라 조흘씨고 錦繡江山 四千里에 天府之國
이 안인가 檀君箕子 首出後에 羅麗 漸漸 文明ᄒ야 聖祖
龍興 壯ᄒᆯ씨고 禮義文物 五百年에 三綱五倫 발가구나
집마닥 孝子요 사람마닥 忠臣이라 小中華 조흔 일흠 天
地間에 자랑ᄒ다 仁天雨露 休養中에 祖宗德澤 父母精血
이 한 몸이 싱겨쑤나 이 한 몸이 싱겨씨니 엇지ᄒ야 夷
狄되랴 夷狄中에 泰西人은 眞淳之氣未散ᄒ야 漸被德化
ᄒ게드면 사람되긔 쉽거이와 凶醜最彼倭奴國은 禮義廉
恥 젼이업셔 蠶蝕의 져근거시 蛇蝎의 性情이라 君臣父
子 제알소냐 亂臣賊子 接踵ᄒ야 弑父與君 져 君臣이 제
나라나 亡ᄒᆯ게지 大邦을 呑幷ᄒ랴고 우리 亂賊 招引ᄒ
야 져의 凶肚 본바다셔 五凶 七賊 千萬賊이 祖廷四方
布列ᄒ니 宰相 方伯 守令들과 一進 巡査補助兵이 仇敵
兵器 둘러메고 兄弟 朋友조차 자바 우리 人種 다 滅한

다 우리 人種 다 滅ㅎ면 져ㅎ난 살거쑤나 波蘭 埃及 遙
遠ㅎ야 耳目不及되거니와 堂堂越南 四千年의 우리 宗敎
崇尙ㅎ야 中國屬邦되얏쩌니 佛郎西의 凶計로셔 諸般學
校 勒成ㅎ고 財權政柄 쎄셔셔 져의 計策 거의 되민 二
十萬名 補助兵을 厚料로 募集ㅎ야 壯烈義兵 다 자분지
後에 咸宣帝를 자바 가고 十歲小兒 簒立ㅎ야 深宮牽固
ㅎ여 놋코 補助料를 全滅ㅎ고 鞭朴狼藉 役事中에 져의
性命이 可憐ㅎ다 눈도 업고 귀도 업는 諸般會員補助兵
아 우리 나라 엇지 되며 우리 人君 어디 갓노 너의 性
命 姑舍ㅎ고 너의 마음 快ㅎ것다 너의 祖先 黃泉中에
列聖祖을 뫼셔구나 社稷宗廟 邱墟되면 무삼 顔面 仰對
할가 神怒鬼責 遝至ㅎ야 그 子孫을 싱각것다 그 厚料를
바다다가 妻子 머겨 무엇 하랴 幡然悔悟 어렵잔타 제
銃 들고 제 칼 가져 눈도 업고 발 업는 놈 倒戈殲滅 反
掌事라 스라셔난 孝子忠臣 죽어셔난 義鬼로다 너의 禍
福 너 아라셔 오리 執迷마라셔라 無知就死 민망ㅎ야 故
玆文諭 一番通에 兵力所加 饒貸 업셔 夷及妻孥할지니
檄到如章 无悔ㅎ라(以下缺)」

※ 原文에는 「한몸미」로 되었음.
※ 原文에는 「제나리」로 되었음.
※ 原文에는 「布列ㅎ이」로 되었음.
※ 原文에는 「補助料을」로 되었음.
※ 原文에는 「咸宣帝을」로 되었음.
※ 原文에는 「列聖祖을」로 되었음.
※ 原文에는 「厚料을」로 되었음.

작자 : 海山 全垂鏞(1878~1910)

※ 전북 임실 출신 의병장. 1907년 군대 해산 후 전
국적으로 의병 운동이 일어나게 되자, 작자는 이석
용과 함께 전북 남원에서 거병했다. 3편의 시 중
두 편은 영광 오동촌에서 탈위한 후 의병을 해산한
심경을 읊은 것이다.

마지막 한 편은 향리에 은거하고 있던 중 밀정에
의해 영산포 일군 헌병대에 체포된 후 대구 옥중에
서 읊은 시

출전 : ≪항일의병사≫에서

申乭石의 抗日詩

누(樓)에 오른 나그네
갈 길을 잊고서
낙목(落木)이 가로놓인
단군의 터전을 한탄하노라

이칠(二七) 남아(男兒)가
이룬 일 무엇인고
추풍(秋風)에 비껴 있노라니
감개만 일어나노라

작자 : 申 乭 石
※ 작자는 을사조약이 맺어진 이듬해 울진군 평해면에
　서 의병을 일으킨 항일 의병장. 그는 날쌔고 용감하
　기가 비호와 같아 필마 단창으로 수많은 왜적을 무
　찔러서 당시 영남 의병장들 중 가장 활약이 컸다.
출전 : ≪義兵抗爭史≫에서

松沙의 抗日詩

아! 우리 선생이시여[1]
산하(山河)의 기운 받아 나셨네
도학(道學)도 훌륭하시거니
절의(節義)마저 겸했구려
저 옛날 임진(壬辰)년에
나라 운수 비색하니
선생이 먼저 외치자
의병(義兵)이 모두 일어났네

유월에 군사를 출돌하여
가는 곳마다 적을 무찔렀네
서울을 수복하게 된 건
바로 선생의 힘이로세
군사를 거느리고 남으로 와
촉석루(矗石樓)를 지켰구려
그 죽음은 죽음이 아니라
이름 더욱 꽃답도다
흐르는 한강물이여
만년인들 마를손가

---

1) 항일 의병장. 健齊 金千鎰 선생을 말함.

역적의 무리2) 농간 부려
섬 오랑캐3) 다시 날뛰니
선왕의 옛 제도는
하루 아침 땅에 떨어졌네
우리 백성 머리 깎아4)
왜놈을 만들고야 말겠으며
임금은 밖으로 파천5)하여
아마 한 달이 지났으니
신하 백성 원통코 절박하나
분을 풀 땅이 없구려

마침내 의병을 일으켜
원수 갚길 맹서했소
머리 위로 저 하늘에
해가 내리비치고
귀신에게 질문해도
이 길이 옳다 하네
선생께 여쭈어도
의혹될 것 없으리다

깨끗한 이 제주(祭酒)와
조촐한 이 제수(祭需)로서
선생께 명령을 받자고

---

2) 乙巳五賊을 말함.
3) 島夷, 일본을 가리킴.
4) 단발령을 말함.
5) 俄館播遷을 말함.

온갖 정성 다하오니
선생은 부디 도우시와
큰 난리를 밝혀 주소서

〈原詩〉

伏惟先生	山河間氣	旣隆道學	兼致節義
往在龍蛇	回步以躓	先生首倡	義旅響起
六月出師	所向無敵	克復京城	先生是力
領兵南下	關防矗石	一死非死	芬馥愈烈
長江之水	波兮不竭	逆黨用事	島夷再猘
先王舊章	一朝掃地	削我生靈	盡倭乃已
蹕衛駐外	已曠一月	臣民痛迫	無地自泄
爰整義旅	誓死討復	臨之在上	有皎天日
質之在傍	鬼神是苦	先生百世	竣次不惑
我酒旣淸	我有旣潔	受命先生	駑鈍庶殫
先生是佑	弘濟艱難		

작자 : 松沙 奇 宇 萬

※ 작자는 항일 의병장으로 활약하면서 우국지사들에
  게 通文과 倡義文을 써서 깨닫게 해준 한편 직접
  일본군과 싸우다 체포되어 옥살이도 했다. 이 글은
  장성에서 이병수와 같이 지은 제문으로 창의사 健
  齊 선생에게 바쳐진 것이다.
출전 : ≪錦城正義錄≫에서

장엄하다 신의 집이여
금성산(錦城山) 깊은 곳에 있도다

나라에서 정해준 제사라
은례(恩禮)가 융숭하네
영령이여 오르내리시니
계기(桂旗)가 공중에 나부낀다
영이여! 기꺼이 돌보시니
태평 세월에 풍년마저……
사(邪)가 감히 범접하랴
높다란 저 담장 보소
정결한 제사에 보답하사
우리를 편안케 하시더니
나라 운수 비색한가
오랑캐6)가 몰려와서
제 세상인 듯 날뛰니
법도 가고 용도 숨었네
임금이 파천7)해 계시니
신민(臣民)들이 미칠 듯한데
어찌하여 존령(尊靈)은
깜깜하게 잊어버렸나이까
나는 영을 위해 꾀를 드리노니
그 꾀는 진실로 아름다워요
해풍을 타고 적선을 깨뜨리며
신의 가호를 힘입어
소굴을 불태우고 족속을 멸망시켜
이 땅에 발 못 붙이게 되고

---

6) 일본 島夷를 가리킴.
7) 俄館播遷을 말함.

어진 이 등용되고 소인 물러가서
나라 편하고 백성 편하면
간두(幹豆)와 가과(佳果)로
사연도 곱고 술도 향기로우리라

〈原詩〉

儼奕奕兮 神之宮 錦之山兮 山之中 國內兮秋祀 恩摯兮
禮隆 靈判判兮 陟降桂旗來兮 飄空 揚靈兮 藥芳 時旣
和兮 歲且豊 邪不窺兮 莫近眪 言言兮 崇墉 答潔禋兮
旣享 俾我康兮 爲功 國步兮 斯艱 蹄跡兮 縱橫 猪突兮
鱔舞虎逝兮 龍藏 駐宮車兮 別館 臣民兮 如焚如狂 何
尊靈兮 昧昧 若相遺兮 相忘 我爲靈兮 嘉謀 謀猷兮 允
藏 駕海風兮 折妖船 卯巳賴兮 靈之揚 火其窟兮 鬼其
族 滅其跡兮 東方 賢進兮 邪退 國泰兮 民康 乾豆兮
嘉果 我辭艶兮 我酒香

        ※ 앞서도 나왔지만 작자는 항일의병장으로 장성·나
        주 등지에서 일군과 싸웠다. 이 漢詩는 작자가 여러
        항일의사들과 더불어 금성당에 제사 드릴 때 쓴 祭
        文이다.
        출전 : ≪錦城正義錄≫에서

李麟榮의 詩

밝고 밝은 해와 달이 중추에 떠 있는데
온누리에 새 풍조는 넘쳐 흐른다
조개와 도요새는 어찌해 버티고만 있는가
서양에서 온 어부 다 쓸어갈 것 어이하리

〈原詩〉
分明日月懸中州
四海風潮濫○流
蚌鷸緣何相持久
西洲應無漁人收

　　　작자 : 李　麟　榮 (1867~1909)
　　　※ 작자는 경기도 여주 출신 의병장. 儒生으로 일찍이
　　　　　大成殿齊任을 지냈다. 1895년 민비가 시해되자,
　　　　　柳麟錫·李康季와 함께 의병을 일으켜 활약하다가,
　　　　　亡父服喪 중에 일본 헌병에게 체포되어 서울 감옥
　　　　　에서 사형당했다.
　　　출전 : 《義兵抗爭史》에서

碧棲의 抗日詩

臨絶詩

조선왕조 마지막에 세상에 나왔더니
붉은 피 끓어올라 가슴에 차는구나
그 사이 십구 년을 헤매다 보니
머리털 희어져 서릿발이 되었구나
나라 잃고 흘린 눈물 마르지도 않았는데
어버이마저 가시니 슬픈 마음 더욱 섧다
홀로 고향산에 우뚝이 서서
아무리 생각해도 묘책이 가이없다
저 멀리 바닷길 보고파 했더니
칠 일 만에 햇살이 돋아서 오네
천길 만길 저 물 속에 뛰어들며는
내 한몸 파묻기 꼭 알맞겠구나

〈原詩〉
我生五百末　赤血滿腔腸
中間十九歲　鬚髮老秋霜
國亡淚末已　親沒痛更張
獨立故山碧　百計無一方
欲親萬里海　七日當復陽
白白千丈水　足吾一身藏

작자 : 碧棲　金　道　鉉(1852~1914)

※ 작자는 항일 의병장. 병신년에 거사했으나 실패하
　였고, 을사·경술간에 自裁하려고 하였으나 그것마
　저 뜻대로 안 되었다. 1910년에 나라가 망하자 고
　향에 돌아가 어버이를 모시고 지내다가, 어버이마
　저 돌아가시자, 몸을 바다에 던진 시골 유생의 가엾
　은 충절이 사실적으로 그려져 있다.

출전 : ≪韓國文化史大系 Ⅰ≫에서

雲崗의 詩

탄환의 너무도 무정함이여
발목을 다쳐 더 나아갈 수 없도다
차라리 심장에 맞았더라면
욕보지 않고 요경(瑤京)에 갈 것을

〈原詩〉
丸子太無情　臥傷足不行
若中心腹裏　母辱到瑤京

작자 : 雲崗 李 康 秊(1861~1909)
※ 작자는 문경 출신 의병장. 갑신정변 후 관직을 그
만두고 낙향해 있다가, 문경의 동학군(1894)을 지
휘하여 왜병과 탐관오리들을 무찔렀다. 이듬해 을
미사변이 일어나자 의병을 일으켜 유인석과 합류하
여 遊擊將이 되었다. 을사조약 후 단양에서 다시 의
병을 일으켜 민긍호와 합세, 충주를 공격했다. 그
후 여러 곳에서 왜병을 격파하다가 금수산에서 부
상을 입어 왜경에게 체포되어 사형당했다.
출전 : ≪雲崗先生倡義日錄≫에서

李殷瓚의 詩

오얏나무 한 가지로 배를 지어
창생을 건지고자 바다로 떠났으나
아무 공 못 세우고 내 몸 먼저 침몰하니
그 누가 동양 평화 이룩하리오

〈原詩〉
一枝李樹作爲船　欲濟蒼生泊海邊
未得寸功身先溺　誰算東洋樂萬年

　　작자 : 李　殷　瓚(1878~1909)
　　※ 작자는 경기도 양평 출신 의병장. 유생으로서 190
　　　 5년 을사조약 후, 홍천에서 의병을 일으켰다. 190
　　　 7년 李麟榮과 더불어 양주에서 각지 의병을 규합,
　　　 24진을 편성하여 서울 진격을 결정했으나 밀정의
　　　 함정에 빠져 체포되어, 憂國時調 한 수를 읊고 사형
　　　 당하였다.
　　출전 : ≪韓國獨立運動之血史≫에서

東广의 詩

몸은 죽어지나 마음마저 변할소냐
의(義)는 무거우나 죽음은 가볍도다
뒷일을 누구에게 맡기리오
말없이 앉아 있노라니 오경이 되었구나

〈原詩〉
身亡心不變　義重死猶輕
後事馮誰託　無言坐五更

　　　작자 : 東广 鄭　煥　直(1854~1907)
　　　※ 작자는 을사조약이 체결되자 흥해·청하 등지에서
　　　　의병을 일으켜 활약했다. 왜적에게 아들 용기를 잃
　　　　게 되자, 남은 의병을 규합, 전공을 세웠다.
　　　　　이 시는 작자가 영천에서 적에게 체포된 후의 심
　　　　경을 읊은 것으로, 동지들과 앞으로의 투쟁을 걱정
　　　　하는 심회가 잘 나타나 있다.
　　　출전 : 《義兵抗爭史》에서

勉庵의 抗日詩

제군[1]은 무슨 일로 여기 오게 되었는가
성인(聖人)의 본을 받아 양맥(陽脈)을 붙잡자고
귀양살이 우대란 구한다고 얻을건가
순박한 섬 풍속은 예로부터 말이 있네

〈原詩〉
何事諸君做此行　扶陽難負聖人情
遷八優待求何待　淳尨島俗古來聲

　　　※ 대마도에 유배되어 와 홍주 9의사를 만난 자리에서
　　　　압운한 시.

기자(箕子)가 오실 적에 도(道)도 함께 따라와서
일본이나 서양이나 그 범위에 들었거늘
모르매라 조물주는 무슨 심사로
나더러 대마도를 보라 하는지

〈原詩〉
箕聖來時道己東　扶桑苦木範圍中
未知造物綠何事　使我終觀馬島風

---

1)　李伏·安恒植·柳濬根·李相斗·申鉉斗·崔相集·申輔均·文奭煥
　　·南奎振 등 홍주 9義士를 가리킴.

만리라 행색은 범의 굴을 이웃했고
백년이라 회포는 용천검을 만지도다
나라 원수 못 갚고 몸이 먼저 늙었으니
바람 앞에 다다라 탄식하고 파람한다

운수가 비색하여 사해(四海)가 곤궁하니
예나 제나 사기(士氣)는 실낱같이 약하구나
시세를 타고 나온 서양 놈들이
손아귀에 잡아 놓고 조종을 하네

〈原詩〉
萬里行旅潾虛窟　百年懷抱撫龍泉
國讐未雪男兒老　一喃臨風更喟然
百六運丁四海窮　如絨士氣不謀同
只緣西鬼乘時勢　容易操縱掌幄中

보잘것없는 서생이 정의에 독실하니
고가(古家)의 기풍이 상기도 남아 있네
나라 위해 일하는 건 장하다 하리만은
문에 기대어 기다리는 어머니는 어찌하리

〈原詩〉
藐爾書生秉義敦　古家風韻至今存
忘私公耳雖云壯　其奈偏慈望倚門

※ 勉庵이 李侙에게 준 시

포의(布衣)는 나라 일에 관계없다고
답답한 이 언론에 담이 떨리네
모두가 바람 따라 흔들리는데
그대만이 옛 의관을 지키네그려

〈原詩〉
布韋於國事無關　泄泄時論膽欲寒
一切隨風濡首地　許君能守舊衣冠

※ 柳濬根에게 준 시

자네 집안 의리는 익히 들었지
꺼져가는 천지에 눈이 뜨이더군
악수(鰐水) 사산(蛇山) 괴롭다 말하지 마소
재목은 눈보라를 꺾게 마련이야

〈原詩〉
君家名義聞曾慣　幾息乾坤眼忽開
鰐水蛇山休說苦　木經風雪也成材

※ 安恒植에게 준 시

늙은 어미 어린 자식 가난한 집에
이 걸음이 있으리라 뉘 일렀겠나
만사가 다 미리부터 정해진 거니
아녀자 같은 생각을랑 아예 마소

〈原詩〉

母老子幼室懸磬　百般誰意有今行
從知萬事皆前定　肯作區區兒女情

※　南奎振에게 준 시

한밤중 슬픈 노래 어찌나 격렬한고
세상 돌아봐도 춘추 읽을 땅이 없네
알쾌라 근원이 있는 집안이니
행여나 만절의 공을 거두게

〈原詩〉

中夜悲歌何激越　世間無地讀陽秋
曾知家德源流遠　勉向桑楡努力收

※　申輔均에게 준 시

맨손으로 범 잡고 바다를 뛰넘는 건
옛 성인이 분명히 훈계를 남기셨네
그대 같은 고집은 의리를 앞세우니
사정(私情)을 따져서 경중을 비교 마소

〈原詩〉

暴虎憑河吾不與　聖門垂滅自分明
惟君秉執能先義　不以已私較重輕

※　李相斗에게 준 시

오랑캐 세상이라 하늘도 무심한데
늙은 놈이 잡혀왔다 무엇이 부끄럽나
소매 속에 가득히 연하(煙霞)를 주워 담고
고향으로 돌아가서 손님에게 자랑 마소

〈原詩〉
蹄跡山河天亦老　此行何愧鬢毛華
神中勤拾煙霞滿　歸對鄕園座窖誇

　　　※ 崔相集에게 준 시

내 몸을 붙인 곳이 곧 내 집이라
만리의 너른 바다 하늘에 닿았네
험한데 편할 자 뉘 있는가
수양이 풍부한 그대를 보네

〈原詩〉
寄吾身處便吾室　萬里層溟接太虛
隨地安閑如子幾　知應前此富三餘

　　　※ 文甁煥에게 준 시

어려선 사랑하고 커서는 공경하면
사람이 헛되게 세상에 났다 하리
그밖의 일이야 헤아려서 무엇하랴
선민(先民)은 모두 다 평탄한 길 걸었으니

〈原詩〉

幼而知愛長知敬　人不虛生此世間
餘外時情何足等　先民皆自擔途還

　　　※　申鉉斗에게 준 시

떼배 타고 떠나가려는 공자(孔子)의 탄식
바다를 밟겠다는 노중련(魯中連)의 기풍
양자(兩者)가 같으냐 아니 같으냐
일변(日邊)의 늙은이에게 물어를 보라

〈原詩〉

乘桴先聖歎　蹈海魯連風
二者同不同　請詢日邊翁

양풍에 휘말려 습속이 바꿔지니
머리 깎고 갓 없애고 이 무슨 재변이냐
방원(方圓)의 옛 제도를 모멸할 자 뉘란 말인가
이제부터 행동은 의식을 갖추겠네

〈原詩〉

倦地西風俗向移　毀形裂冤此何時
方圓古制誰能侮　動止從今可用儀

밤낮으로 그대는 자유로운 몸 아닌데
우리들은 모두 다 한가한 사람일세

틈을 타서 물어 주니 느꺼움이 진정 많다
덕(德)이란 타향에도 이웃이 있군그래

〈原詩〉
夙夜君非自在身　吾脩均是等閑人
乘時問訊眞多感　始識殊方德有隣

늘그막에 섬 구경 생각조차 못했다오
서울로 돌아갈 날 죽기 전엔 없을 건가
한 가락 노래하고 오랫동안 서성대니
첩첩 싸인 저 봉에 석양이 비끼었네

〈原詩〉
未料口年居海國　可無餘日向王城
浩歌一曲徘徊久　數疊林巒夕照橫

젊은 나이 재주 학식 믿음직하니
이역이라 만난 자리 촉망이 깊네
온 세상이 이곳만을 경쟁하는데
대장부다운 사람 몇이 되겠나

〈原詩〉
玅年才識將簒金　萍水逢迎厲意深
四海營營爭利地　幾人能保丈夫心

바다 밖의 보고 들음 이날 맞아 새로워라

무리무리 줄을 지어 온 섬 사람 다 모이네
언제부터 신에게 제사를 드렸는가
태고 때 일이라서 연대조차 모르누나

〈原詩〉
海外瞻聆此日新　林林畢會域中人
禮神古俗云何自　事在天忘不記春

　　　작자 : 勉庵　崔　益　鉉(1833~1906)
　　※ 작자는 조선왕조 말기의 문신이요, 학자·의병장이
　　　었다.　여기　七言絶句漢詩들은　李偗·安恒植·柳濬
　　　根·李相斗·申鉉斗·崔相集·申輔均·文奭煥·南
　　　奎振 등 9의사와 같이 대마도에 유배당한 후 한자
　　　리에 앉아서 압운한 詩와 贈詩들이다.
　　　　이들 시 중에 대마도 풍경이 묘사되고, 또 적이 지
　　　사들에게 대하는 태도와 지사들 자신의 솔직한 감회
　　　들이 표현되어 있는 폐부를 찌르는 憂國詩이다.
　　　　더욱이 작자는 유배지에서 지급되는 음식물을 적
　　　이 주는 것이라고 거절, 단식을 계속하면서 이 시를
　　　읊었으며 끝내는 굶어 죽었다.
　　　출전 : ≪馬島日記≫에서

愼懼堂의 詩

다시 선생님[1]의 이 행차 뵈오니
절하는 자리에 슬픈 마음 금할 길 없네
적으나마 한 줄기 희망 찾을 곳 없으나
대의(大義)는 우레 같아 만국에 소리나리

〈原詩〉
復見先生有此行　拜筵怊悵不勝情
微陽一脈尋無處　大義如雷萬國聲

대마도는 딴 나라라 우리 서울 동떨어져
갇혀 있는 아홉 사람[2] 몹시도 슬프구려
나라일 걱정이라 이따금 눈물짓고
집안 생각 간절하여 언제나 애를 끊네

단 음식도 내게 있어선 되레 쓰기만 하고
좋은 산이 저렇건만 한숨만 절로 나네
죽고 삶은 명이라 인력으로 못 하나니
만리가 머다 한들 일편단심 변할쏜가

---

1) 抗日義士 崔益鉉을 말함.
2) 洪州 9義士를 말함.

〈原詩〉

對馬殊方迥漢陽　　拘留數客自堪傷
憂深皇室時流涕　　思功阿孃每斷腸
甘食在吾還作苦　　佳山如彼遠含愴
死生有命非人力　　方寸丹丹萬里長

바닷가 주먹만한 외로운 섬에
추상같이 싸늘한 우리의 의기
죽인단들 왜놈 옷을 어찌 입으랴
맹세코 내것을 나는 쓰겠다.

관어(觀魚)하던 제갈량이 몹시 그립고
바둑 두던 사안(謝安)마저 생각이 나네
절망에서 살아나는 수도 있으니
그대여3) 이 난경(難境)을 참고 나가소

〈原詩〉

一拳孤島海之灣　　義氣同秋自日寒
萬死詎宜加彼服　　一生誓不毁吾冠

觀魚妙術懷諸葛　　對局閑情憶謝安
絶處逢生其理在　　勉君休說此時難

밤중에 일어난 한 우뢰 소리
천위(天威)가 온 땅을 움직이더니

---

3) 崔益鉉 先生.

밝은 아침 풍랑이 잠잠해지고
바다 위 짙은 안개 활짝 걷히네

〈原詩〉
半夜一聲雷　天威動地來
趁朝風浪息　瘴霧海頭開

뭇사람 헐뜯는 건 어질지 못한 탓이라
허물이 있건 없건 내 몸 먼저 닦아야지
하늘이 무너질까 근심하는 이 섬 사람
거북바위 아래서는 뽕나무를 조심하소

이 세상에 공론이 어디 있던가
의리를 펴기란 어려운 거야
말이란 함부로 말아야 하니
이제부턴 입 다물고 지내겠노라

〈原詩〉
衆毀如山亦不仁　有無改勉利修身
對馬島中憂杞客　立龜巖下愼桑人

世間休說公論在　此地難謀義理中
言語放縱宜有戒　從今囊括守吾眞

가을 비 부슬부슬 먼지 씻으니
만리(萬里)라 손의 심사 한결 새롭네

우짖는 저 까치에게 물어나 보자
오작교 만들어 나를 건너 주겠니

〈原詩〉
蕭蕭一雨洗車塵　萬里羈客意倍新
可憐河上噪噪鵲　倘復成橋渡此人

하느님 우리를 동해로 보내
고향은 아득아득 멀기만 하네
어쩌면 인간 뇌우(雷雨)가 되어
쌓인 먼지를 깨끗이 씻어널거나

〈原詩〉
天使遷人渡海東　故山迢絶査湛中
安作人間雷與雨　積塵一洗見和風

의기는 늠름하여 서리 같은데
더욱이 샘물소리 차갑게 들려
어쩌면 나는 듯이 바다를 건너
홀로 계신 어머님을 뵙고 모실까

〈原詩〉
崢嶸意氣當秋烈　復有寒聲枕不泉
安得決心飛渡海　歸寧偏母共怡然

여우랑 성성이 울고 날뛰니

온 세상은 밤이 되어 침침하구나
아침 해가 바다에 떠오르거든
순풍에 돛을 달고 고향을 찾세

〈原詩〉
狐呼猩躍我道窮　夜色沈沈萬國同
第竣朝陽升海上　順風泛棹向湖中

천리에 스승마저 뜻가짐 돈독하고
일편단심에는 의리가 차 있구려
일이 생각과 달라 맨손으로 일어나니
사문(師門)을 저버리긴 참으로 어려운 일

〈原詩〉
千里迎師秉老敦　丹丹心上義存存
事不如營空手起　實難虛負大賢門

　　　　작자 : 愼懼堂　李　侙
　　　　※ 작자는 홍주 9의사 중의 한 사람.이 시들은 최익현
　　　　　선생과 안병찬 등이 운에 맞추어 쓴 답시와 유배지
　　　　　대마도에서의 솔직한 감회를 읊은 것이다.
　　　　출전 : 《馬島日記》에서

逖軒의 抗日詩

하룻동안 배를 타고 만리 길을 왔는데
저녁 구름 새벽 달에 이 가슴 억제하기 어려워라
서녘으로 바라뵈는 고향 하늘 어느 곳인가
매미 소린 아직도 고국(故國)에서 듣던 소릴세

〈原詩〉
一日車船萬里行　暮雲曉月不勝情
西望鄕山何處是　寒蟬猶似故園聲

한(漢)나라 깊은 근심 동북에 있어
와룡(臥龍)선생 융중에 숨지 못했네
한때의 실패쯤야 말하지 마소
홍모(鴻毛)가 순풍을 만날 날 있네

〈原詩〉
漢室深憂在北東　臥龍無許老隆中
一時無翼何須說　將見鴻毛遇順風

한 가지 능(能)도 없고 천성은 게으르니
평생의 본뜻이 산수(山水)에 있었다오
다만야 나라 꼴이 여지가 전혀 없어
막대 짚고 스승 따라 분연히 일어섰네

천지가 개벽되자 도(道)도 또한 무궁하여
일월이라 성신이라 만국이 한가질세
가을서리 겨울눈이 아무리 저렇건만
그 사이 봄기운은 땅속에서 감도느니

〈原詩〉

百不一能性疎懶　生平素志在林泉
只緣邦國無餘地　知弟從師却奮然
乾坤一闢道無窮　日月星辰萬國同
秋霜冬雪縱如許　却有春雷動地中

성현의 제도는 끝까지 옮길 수 없는 것
도리어 조그만 절의(節義) 혹 때를 좇는 게 부끄러워
검은 관 함께 딴 나라에서 썼으니
오늘날 다시 삼대(三代)적 모습 보겠네

〈原詩〉

聖制終天不可移　還羞小節或從時
緇冠共戴殊方外　今日復覩三代儀

정성이 지극하고 행실이 돈독한데
우람한 가슴속엔 의리가 배어 있네
충과 효 다 겸하긴 어려운 일이라서
어머니를 하직코 문 밖을 나왔구려

〈原詩〉
養性惟誠志行敦　腦襟磊落義存存
深知忠孝難全地　拔劍辭親早出門

※ 李佷에게 준 시

우리는 모두가 죽느냐 사느냔데
천리는 돌고돌아 더우면 또 추워지네
위태로운 경우에도 굴복을 아니하니
큰 선비란 이름에 부끄러움 없으리라

〈原詩〉
吾生書在鬼人關　天理消長暑且寒
安不獨全危不屈　無愧洪陽儒者冠

※ 柳濬根에게 준 시

만나서 사랑하다 바로 곧 헤어지고
이역에서 다시 만나 회포를 풀 줄이야
좋은 소리 지었지만 아는 이 없이
용문산(龍門山) 오동나무 재목 아깝네

〈原詩〉
相逢相愛於相別　殊域再期舊抱開
久藏好韻無人識　爲惜龍門石上林

※ 安恒植에게 준 시

강물은 넘실넘실 구름은 아득한데
늙은 몸 이역에서 가을을 만나다니
저 조개와 도요새가 싸울 때를 기다려
어부의 이익을 거두어 보자꾸나

〈原詩〉
長江東逝愁雲起　白首來逢異域秋
第待海濱蚌鷸鬪　扁丹歸去漁攻收

　　　　※ 申輔均에게 준 시

오십이 다 못 가서 늙었다 말들 하니
나라가 근심되어 두 귀밑이 흰 것일세
한 번 보고 서로 다 마음들 허했으니
한 마디 말이 저 태산보다 중하구려

〈原詩〉
年非半百人云老　家國爲愁兩鬢明
一見相親便相許　片言珍重泰山輕

　　　　※ 李相斗에게 준 시

홍성에서 일어난 팔십 명 의사
스승 따라 이 섬에 잡혀들 왔네
처자에게 끌리지는 않겠지마는
부모님이 기다리는 덴 어찌하는가

〈原詩〉

義徒八十下洪城　　只願從師有此行
妻子縱非君所戀　　回頭其奈倚閭情

　　　※　南奎振에게 준 시

굳고 장한 선생의 의지를 사랑하네
대의를 존중하고 정도를 붙잡길래
남을 위해 일한다 생각을 아니하고
거침없이 다니는 그 용기 장하구려

〈原詩〉

爲愛先生堅且壯　　道能衛正義尊華
役役於人渾不記　　行無周甲勇猶誇

　　　※　崔相集에게 준 시

형상은 솔마냥 겉이 늙었고
마음은 대처럼 속이 통했네
평생에 산수만을 즐기던 터라
꿈속에도 고향을 그리오리다

〈原詩〉

形似癯松同我老　　心幽如竹爲誰虛
仁山智水生平樂　　一夢逍遙萬里餘

　　　※　文奭煥에게 준 시

청수한 얼굴에 탁월한 재주
구구한 문필에 몸을 바치랴
한 걸음 실수야 논할 것 없이
머지않아 앞길이 트일 거로세

〈原詩〉
眉淸目細英才越   不肯區區翰墨間
一步蹉蛇何足數   急流扁棹便知還

　　　※ 申鉉斗에게 준 시

　　작자 : 遯軒 林 炳 瓚(1851~1916)
　　※ 작자는 구한말의 항일 의사·의병장. 을사보호조약
　　　이 체결되는 것을 보고 의분을 참지 못하여, 스승
　　　최익현과 함께 의병을 일으켰다.
　　　최익현은 유배지에서 단식으로 굶어 죽고, 임의사
　　　는 2년 뒤에 풀려났다. 그 후 다시 전남 순무대장
　　　으로 있으면서 구국항쟁을 벌이다 왜경에 체포(19
　　　14), 거문도에 유배되었고 단식을 하다가 자결하였
　　　다(1916).
　　　이 漢詩들은 대마도에 감금(1906)되어 있을 때
　　　스승과 동지들 간의 憂國問答을 모은 것이다.
　　출전 : ≪馬島日記≫에서

友鹿의 獄中詩

고국에선 아무도 이 길1) 와본 일 없거니
이 기쁘고 슬픈 마음 견딜 수 없네
다 같이 대의(大義)를 지고 조용히 나아가서
큰 수치 쾌히 푸른 바다 소리에 씻어 보세

〈原詩〉
故國無人駐此行　不勝一喜一悲情
共扶大義從容就　快洗深羞碧海聲

이 내몸은 하느님께 받은 몸이라
함부로 다룰쏜가 터럭 하난들
추상 같은 의기(義氣)를 굳이 지키니
칼끝 같은 저 봉우리 애를 끊는 듯

동녘 바다 한 구석 대마도 섬에
이 내몸 잡혀오니 문득 슬프네
어디 대고 절의(節義)를 논한단 말인가
다만 저 푸른 솔과 푸른 대만이……

---

1) 對馬島行.

〈原詩〉
受吾天體體爲陽　　一髮雖微豈毁傷
義氣爭秋留海畔　　山尖似劍割愁腸

有島東開海一方　　男兒到此忽怊愴
扶來節義論何處　　祇與靑松綠竹長

한밤중 우레 소리 놀라 일어나
이 생각 저 생각에 잠겨 있구려
우리 임금2) 강단이 확고하시니
이로부터 좋은 길이 열릴 거로세

〈原詩〉
驚起一聲雷　　整襟萬念來
我王軋斷廓　　自此善端開

여기3) 와서 까마귀만 보고 또 본다
연태자(燕太子)도 그랬거늘 하물며 내랴
까마귀 머리 희길 바라지 말고
우리의 대의(大義)를 믿어야 하네

〈原詩〉
來留對馬久聞烏　　千載燕丹況復吾
本不待渠頭白日　　祇將吾義信前途

---

2) 高宗을 가리킴.
3) 對馬島.

이 길을 정지시킬 사람 없으니
슬픈 심정 누굴 대해 하소연할꼬
대의를 펴려한들 길이 있느냐
만사(萬事)를 저 파도에 던져버렸다

〈原詩〉
故國無人駐此行　悲歎於我苦爲情
欲伸大義終無地　萬事虛抛碧海聲

선후로 압송되어 바다 건너니
누가 다시 의를 강론하겠나
나는 결단성이 내 병인 줄 아나
일 당하면 바람이 되고 마는 걸

〈原詩〉
先後遷人渡海東　素行誰復講求中
夫夫繼知爲我病　事來無奈卽生風

양풍(羊風)이 휩쓸어 옛 풍속 바꿔지니
이때가 어느 때냐 옷과 갓이 액 만났네
성인의 끼친 제도 아직도 남아 있어
치포관 바로 쓰고 위의(威儀)를 갖췄노라

〈原詩〉
海外殊風舊俗移　冠裳毀裂此何時
聖人遺制今猶在　好爲掩整敵容儀

그대4)는 충과 효를 둘 다 겸하여
스승5) 따라 만방에 이름 떨쳤네
날 같은 용졸이야 말할 것 있나
옛부터 전해 오는 관이나 쓰지

〈原詩〉
忠孝兩全立大關　從師當日萬邦寒
如吾庸拙何須說　謹守皇明舊制冠

　　　　작자 : 友鹿　柳　濬　根
　　　　※ 작자는 홍주 9의사의 한 사람. 1906년 가을 대마
　　　　　 도 옥중에 갇혀 있던 항일 의사(최익현 등)들은 옥
　　　　　 리가 지어 주겠다던 의관·침구까지 거절했다. 작
　　　　　 자는 '이때가 어느 때냐 옷과 갓이 액 만났네' 하고
　　　　　 탄식한다. 이 얼마나 철저한 항일 정신이겠는가.
　　　　출전 : ≪馬島日記≫에서

---

4) 遜軒 林炳瓚을 가리킴
5) 勉庵 崔益鉉을 가리킴

華儂의 詩

뜻밖에 상공(相公)1)께서 또 이 길 오시니
배연(拜筵) 앞서 고국 생각 먼저 나네
딴 나라에서 화 입는 것 말해 무엇하리
한 세상 벽력 소리 죽은 뒤에도 소리 나리

〈原詩〉
不意相公又此行　拜筵先感故國情
殊方見厄何須說　一世晴雷死後聲

사람더러 방향 물어 음과 양을 분별한다
풍토는 몇 번이나 전란을 겪었느냐
산은 천 겹은 에워 마수(馬首)로 돌아서고
물은 아홉 구비를 거쳐 양장(羊腸)을 넘어오네

수심 속에 날 보내니 어찌 그리 더디인고
꿈결에 가을 보니 감상이 더하구려
경치야 좋건마는 내 심정 산란하니
가없는 먼 하늘에 저녁 구름 뭉게뭉게……

---

1) 최익현을 가리킴.

〈原詩〉
問人南北辨陰陽　風土由傳幾敗傷
山立千重回馬貢　水從九曲到羊腸
伴愁送日何遲晩　依夢驚秋倍感愴
形勝雖佳我懷惡　幕雲無際海天長

한 가락 뱃노래로 해문(海門)에 당도하니
대마도라 만여 가의 마을이 있네
온 산의 솔과 대는 누구 위해 푸르렀나
우리도 저와 같이 절의(節義)를 지켜 보세

〈原詩〉
一棹長歌到海門　島成對馬萬家村
滿山松竹爲誰翠　節義吾人暗託魂

한밤중 우레 소리 들리더니만
비바람이 거세게 몰아쳐 오네
진(眞)과 망(妄)이 무엇인지 나는 몰라서
향불을 피우고 주역(周易)을 보네

〈原詩〉
忽然中夜雷　風雨急驅來
念我何眞妄　焚香易繫開

북으로 바라보니 서울은 아득하고
천년이라 대마도는 바다가 둘렀구려

깃발들은 겹겹으로 공중에 나부끼고
마을은 빽빽하여 빈 땅이 거의 없네

타향의 나그네라 입맛도 쓰거니와
긴긴 밤 나라 걱정 단잠을 못 이룬다
옛 사람의 충의를 오늘도 느끼면서
연옥(燕獄)에 순절한 문천상(文天祥)을 말들 하네

〈原詩〉
北望洛城正杳然　海環一島馬千年
翻空旗影重重下　撲地村容歷歷邊

爲客殊方唯苦味　憂君永夜未甘眠
古人忠義今人感　泣說文山竟死燕

물(物)을 보니 고국 생각 문득 나는데
이 마음 알아 줄 이 몇이나 되리
등불 밝아 불계(佛界)인가 의심했더니
종소리 나자 다시 세정(世情)을 알겠구려

가을이라 고향 찾아 꿈은 가건만
타국에 멀리 올 줄 뉘 알았으리
하늘과 닿은 바닷물 저리 넓던가
아득아득 가이 없어 해도 더디네

〈原詩〉

覽物還生故國思　幾人共許此心知
半疑佛累燈明夜　更覺世情鐘落時

歸路淸秋祇有夢　遠遊異域倘前期
連天海水何爲廣　一望無涯日上遲

견우 직녀 수레 씻고 비 지나가니
은하수 아슬아슬 하늘 빛 맑네
고향이라 오늘 아침 비는 자리에
나를 위해 돌아오라 빌 거로세

〈原詩〉
洗車兼洗世間塵　星漢迢迢霽景新
故國今朝乞巧席　也應乞我未歸人

숲에 싸인 여름비는 씻은 듯이 지나가고
창밖의 샘물소리 차갑게 들려오네
인정은 때에 따라 변한다 뉘 일렀나
여전히 칼을 만지며 슬픈 노래 부르노라

마경(馬卿)의 병에 또 완적(阮籍)의 울음
울려 해도 눈물 말라 못 울겠구려
만약에 태양만 오르게 되면
영웅이 일어설 날이 있겠지

〈原詩〉

鬱氣積林經夏雨　　寒聲入戶動秋泉
人情不欲隨時變　　撫劍悲歌轉毅然

病如司馬況途窮　　欲哭先看涕淚同
若使太陽明萬里　　英雄豈倒積陰中

의를 위해 스승 따라 만리를 오니
가슴에 찬 울울함을 뉘게 풀거나
이 나라를 망하지 않게 하려면
머지않아 큰 인물을 써야 하리라

〈原詩〉
扶義從師來萬里　　蟠胸鬱氣向誰開
不令家國終傾覆　　非久匠人求大材

　　작자 : 華儂 安 恒 植
　　※ 작자는 홍주 9의사의 한 사람. 이 시들은 모두 유
　　　배지 대마도에서 씌어진 것으로 최익현·임병찬이
　　　운에 맞춰 읊은 것과 감금생활 중에 異國風景, 憂國
　　　之心과 望鄕 등을 노래한 것이다.
　　출전 : ≪馬島日記≫에서

申鉉斗의 詩

어찌 선생님1)이 이 길 오실 줄 알았으랴
노년에 나그네2)되어 오니 더욱 참을 수 없네
이 조그만 마음속에 참으로 감복하거니
다시 어느 날에 새 명성 낼 것 도모하는가

〈原詩〉
豈意先生做此行　老年爲客最難情
一片中心眞感服　更圖何日有新聲

조국 생각 밤낮으로 끊임없는데
우리를 인식할 이 몇 사람일꼬
여름에 고향 떠나 하마 또 가을
젊은 나이에 액 만날 건 예측 못했네

밤이면 고국 찾아 꿈은 가는데
언제나 배를 보면 눈물이 난다
시축을 들고 난간에 기대노라니
심어 가꾼 푸른 솔은 한결 무성해

---

1) 최익현을 가리킴.
2) 유배지에서 옥살이하는 신세.

〈原詩〉
日夕悠悠希國思　　吾人愁緒幾人知
和夏離家今有月　　妙年當厄不曾期

頻夢故國魂去夜　　每看遠帆涕淚時
因將短輕依欄曲　　護栽靑松鬱且遲

새벽녘 잠 깨자 서울을 바라보니
자욱한 만리 풍진 어느 날에 맑아질꼬
어느 뉘 나라 위해 고충을 다하는가
대의를 서로 지켜 우리 민생 보전하세

외로운 섬 저녁 연기 산빛 보이고
가랑비 파도 소리 배는 떠나 가네
영웅이란 흔히도 이렇게 늙는 거라
가슴속에 불평이 서려 있다오

〈原詩〉
淸晨推枕望京城　　萬里風埃底日淸
誰竭苦衷夏國步　　相將大義保吾生

暮烟孤島來山色　　細雨掃帆送海聲
從古英雄如此老　　鬱胸奇氣未曾平

바닷가 한 구석 대마도 섬에
아홉 사람 여기3) 와 모여 있다니

---

3) 홍주 9의사가 대마도에 유배되어 와 옥살이를 함.

지난날에 상투를 경홀히 보더니만
오늘엔 낯 내놓고 다시 갓을 쓰단 말인가

백 척의 높은 다락 파도를 내리보고
천년의 늙은 바위 평안하게 서서 있네
타향의 풍경이라 느낌도 많거니와
석양의 매미 소리 듣기 더욱 어렵구려

〈原詩〉
一島雄幡海一灣　此來聚首○生寒
何心前日輕天髮　靦面今朝更着冠

百尺樓高臨渺瀰　千年岩老立平安
殊方風物元多感　晚樹蟬聲轉覺難

그렁저렁 오래된 나그네살이
여름이 다 지나고 가을이 왔네
구름 보고 달 보면 정을 느끼고
물을 안고 산을 안아 땅도 깊숙해

차가운 연기 속에 빈 절이 있고
바닷가엔 오락가락 상인의 배만
어떻게 견디랴 해만 저물면
기적 소리 객의 시름 자아내는데……

〈原詩〉
居然爲旅久淹留　三夏纔過已屬秋

看雲步月情多感　抱水圍山境亦幽

廢寺荒坮烟雨裏　漁家商舶海門頭
邪堪數曲欄于外　暮日車聲動客秋

허둥지둥 성인(成仁)을 미처 못 하고
이제 와선 몸을 놀릴 길조차 없네
내 나라 소식은 편지로 전해 듣고
이 지방 풍속은 주민에게 묻노라

살 길을 찾자 하니 마음이 굽히겠고
죽기로 결단하니 다리가 펴지누나
여보게 자네들 괴롭다 말을 마소
감옥살이 못 이겨 의기(義氣)를 꺾을건가

〈原詩〉
蒼黃來及以成仁　顚沛今來莫措身
故國音書傳遠客　異方風土問居人

圖生易至中心屈　判死方能我脚伸
諸子莫言爲旋苦　肯將徽棘亂吾眞

　　　작자 : 申　鉉　斗
　　　※ 작자는 홍주 9의사의 한 사람. 최익현·임병찬 등
　　　　과 항일운동을 하다, 1906년에 대마도에 유배되어
　　　　있으면서 우국의 감회를 읊은 시.
　　　출전 : ≪馬島日記≫에서

眉湖의 詩

이 땅1)에 누가 다시 올 줄 알았으랴
산에 가득한 솔과 대나무도 뜻 품은 듯해라
천추(千秋)에 높은 절개 상공(相公)2)은 늙었는데
다음 날 만국에 다시 우렁찬 소리 들리니

〈原詩〉
此地誰知又此行　滿山松竹似含情
千秋高節相公老　他日萬邦更有聲

날마다 고개 들어 한양을 바라보니
몸은 몹시 여위고 마음은 상하누나
천년이라 외진 섬은 마미(馬尾)와 흡사한데
몇 겹으로 산을 돌아 양장(羊腸)에 기댔어라

주고받는 이야기엔 느낌도 많거니와
아침 저녁 매미 소리 슬픔을 자아낸다
이와 같은 정경을 그대 응당 알지니
공(公)과 사(私)를 가지고 장단을 비교 마소

---

1) 유배지 대마도.
2) 최익현.

〈原詩〉

　日日翹首望漢陽　　尺身欲瘦寸心傷
　島僻千年看馬尾　　山回幾曲倚羊腸

　去來人語還多感　　朝暮蟬聲亦起愴
　到斯情理君應識　　莫把公私較短長

머나먼 내 고향 길은 삼천리
고독한 이 심정을 뉘가 알리오
봄이 지나간 밤엔 꿈에 놀라고
비가 개니 매미 소리 처량하구나

돛 그림자 아득아득 떠나가는데
산빛은 먼 나그네를 위안해 주네
솔과 대는 뉘를 위해 절개 지키나
추위에도 한결같이 굳굳하구려

〈原詩〉

　三千里外故園思　　在此孤懷許共知
　禽夢已驚春去夜　　蟬聲更咽雨晴時

　海門遙送歸帆影　　山色留含遠客期
　松竹爲誰高節守　　寒來落落晚遲遲

고향이 어디매냐 저 서동쪽에
만리라 대마도로 잡혀오다니

긴긴 밤 등불 아래 꿈 못 이루고
송죽에는 부슬부슬 비와 바람이

〈原詩〉
鄕山何在指西東　萬里人來馬島中
孤燈永夜難成夢　松竹蕭蕭雨且風

만리라 동해 섬에 고향 그리면서
몇 달을 같이 나니 시름이 하도 하네
날마다 하는 일 없이 앉아서
오가는 풍범선만 보고 있노라

〈原詩〉
鄕山幾疊水無窮　數月羈愁一副同
鎭日間居無所事　注眸風帆去來中

맨머리로 서로 보니 섬 풍속을 따른 건가
이 지경을 당하니 마음 더욱 슬프구려
성인의 끼친 제도 상기도 남아 있어
치포관을 함께 쓰고 옛 모습을 지키누나

〈原詩〉
露髻相看似俗移　男兒到此愈傷時
聖人遺制今尙在　共戴緇冠守舊儀

천리를 마다 않고 스승을 따라

순풍에 돛을 달고 대마도로 왔네
지금 같은 고생은 참고 견디소
종당에 큰 명성을 떨칠 거로세

〈原詩〉
從師不遠渡千里　一棹順風馬島秋
困苦如今君莫說　聲名他日見楡收

　　작자 : 眉湖　申　輔　均
　　※ 작자는 홍주 9의사의 한 사람. 이 한시들은 작자가
　　　대마도 유배생활중에 쓴 것이다. 면암과 둔헌의 압
　　　운에 화답한 시 두 편과 감금중 강제단발 등에 대
　　　한 憂國之心이 七言絶句로 잘 짜여져 있다.
　　출전 : ≪馬島日記≫에서

靜觀亭의 憂國詩

오늘 아침 졸지에 선생님1) 행차 뵈오니
눈물 흘러 고국의 정 금할 수 없네
만리 먼 타향에 한없는 뜻은
높음을 다루는 의기(義氣) 또 한번 가을 소리일세

〈原詩〉
今朝忽見大人行　涕淚難禁故國情
萬里他鄕無限意　爭高義氣又秋聲

자나깨나 못 잊는 건 조국뿐이라
아홉 사람2) 속 마음을 어느 뉘 알리
종소리 울어라 밤조차 긴데
새벽녘 까마귀 왜 울어대는가

꿈은 정녕 고향을 찾아갔는데
깨고 나니 길은 멀고 아득만 하여
두 줄기 눈물이 옷깃 적시니
일각이 삼추 같아 날도 더디다

---

1) 최익현.
2) 홍주 9의사를 가리킴.

〈原詩〉

寤寐難忘故國思　九人心緒有誰知
鐘聲又是初長夜　鳥語如何欲曙時

夢中的歷鄉山去　覺後茫然道路期
西行涕淚靑衫濕　一刻如秋一日遲

큰 바람 날마다 푸른 물결 들이치니
거처하는 산 집은 유월에도 차갑구나
나무꾼은 응당히 한국 성(姓)을 전하련만
호위병은 다투어 한(漢)의 의관(衣冠) 비웃는다

병중에 시 지으니 비애가 지극하고
바다 섬에 몸을 두니 침식이 편안하구
의(義)와 욕(欲)의 한계를 그대는 알았는가
사내라면 이 경우에 죽음을 아끼리오

〈原詩〉

大風鎭日打蒼灣　頹臥山樓六月寒
樵客應傳韓姓氏　衛兵爭笑漢衣冠

病中有句悲哀至　海上客身寢食安
辨說熊魚君識否　男兒到此死何難

동해 동쪽에 또 동해가 있어
섬 속에 마주대고 귀양을 사네

나라를 바로잡는 일편단심이
이역에 잡혀 올 줄 뉘 알았으리

〈原詩〉
東海之東又有東　遷人相對碧園中
一片丹心扶韓義　豈義來看異域風

얼굴 보니 소문보다 오히려 낫군
풍채가 하도 좋아 눈에 듭니다
나라 위해 편안히 있지를 않고
스승 따라 이 섬에 잡혀 왔구려

〈原詩〉
元來見面勝聞名　磊落風儀眼復明
憂世不能高枕臥　從師浮海一身輕

　　　　작자 : 靜觀亭 李 相 斗
　　　　※ 작자는 홍주 9의사의 한 사람. 면암과 둔헌의 압운
　　　　　에 화답한 시 두 편과 대마도 유배생활중의 憂國과
　　　　　望鄕의 감회가 깃든 憂國詩 수편.
　　　　출전 : ≪馬島日記≫에서

南湖의 詩

해외에서 졸지에 늙은 상공(相公)[1] 오신다 전하니
처음 듣고 눈물 흘러 참을 길 없네
하늘에 치솟는 절의(節義) 사는 것만 어이 취하리
만리 밖에 우레와 같이 크게 소리날 날 있으리

〈原詩〉
海外忽傳老相行　初聞涕淚不勝情
冲天節義生何取　萬里如雷大有聲

오늘도 또 하루라 가을볕을 보내면서
산을 보고 물을 보니 마음 절로 상하누나
나라 생각 누구는 눈물을 흘리는고
내 신세 하도 가련해 애간장을 끊네

바람 이니 나뭇잎은 한없이 소슬하고
달이 뜨니 산 집은 더욱더 쓸쓸하구나
거울 속의 내 머리 아침마다 희어가니
모두가 수심(愁心) 때문 말릴 길 바이 없네

---

1) 면암 최익현.

〈原詩〉
起居終日送秋陽　看水看山轉自傷
皇家念及誰流涕　身世悲來我斷腸

風生庭樹多蕭瑟　月到山窓倍感愴
白髮星星朝鏡裏　綠愁箇箇衣禁長

몸은 비록 늙었지만 뜻이야 변하겠나
맨머리로 앉았을 적 내 눈물이 쏟아졌네
궁하면 제자리로 되돌아온다더니
하느님 이제야 옛 모습 되찾아 주네

〈原詩〉
身雖老邁意何移　我淚漣漣露髻時
人窮反本人誰識　始見天心復古儀

지난날 원님2)이 오늘날 의사(義士)
이역에 멀리 와도 성화(聲華)는 높네
더구나 사제간의 의(誼)를 다하니
명예가 백대(百代)를 전하오리다

〈原詩〉
前太守爲今義士　遠來異域足聲華
又兼陪養先生誼　可世遺芳自此誇

---

2) 둔헌 林炳瓚을 말함.

가을이라 쌓인 비 시름을 자아내니
길손이 물(物)을 보고, 정을 어찌 참겠는가
다락 위엔 주렁주렁 산유자 열매 맺고
창창한 송림 사이 새벽 달 비쳐 온다

안력(眼力)도 함께 있어 먼 곳은 못 보나니
꿈 혼은 몇 번이나 한양성 들렀던고
의복 빨래 바느질 제 손으로 모두 하니
한가닥 빨랫줄이 반공에 비끼었네

〈原詩〉
新秋積雨嗄愁生　　覽物耶堪遠客情
樓頭鬱鬱山抽綠　　松下蒼蒼曉月明

眼力難憑公洞野　　夢魂幾入漢陽城
縫浣衣裳皆自己　　一端漂索半空橫

　　작자 : 南湖　崔　相　集
　　※ 작자는 홍주 9의사의 한 사람. 이 七言絶句 한시는
　　　 대마도 유배생활중에 감회를 읊은 것. 면암과 둔헌
　　　 의 압운에 화답한 시 두 편도 포함되어 있다.
　　출전 : ≪馬島日記≫에서

滄湖의 詩

하늘은 어찌 차마 선생[1]을 여기 오시게 했는가
한 돛대 멀고 멀어 만리 밖 심정일세
객의 눈물 가을 바람에 흐느끼는 오늘
저녁 놀 우거진 나무에 매미만 우네

〈原詩〉
天公何忍使公行　一棹茫茫萬里情
客淚秋風嗚咽地　斜陽深樹暮蟬聲

대한 나라 먼 나그네 석양에 홀로 앉아
온갖 일 생각하니 마음 절로 슬프구려
내 뜻만 굳건하면 의를 어찌 못 이루리
이욕(利慾)이란 무엇인고 사람을 환장시켜

객지 생활 갈수록 더욱더 신산하고
나라일은 말할수록 한탄만 나오누나
고국 길 아득아득 얼마나 멀다느냐
가없는 한바다에 풍범선만 오락가락

---

1) 최익현.

〈原詩〉
東韓遠客坐西陽　　多少關心意自傷
義不難成堅我志　　利何易誘擾人腸

羈愁去去逾辛苦　　國事言言足感愴
鄕路茫茫云幾許　　暮帆風浪海天長

한밤중 꿈속에서 서울 봤는데
새벽에 일어나니 섬 속에 있네
하느님이 조만간 이 뜻을 알아
순풍에 돛단배를 보내줄 걸세

〈原詩〉
中宵夢入若城東　　曉起猶然在島中
早晚天公諒此意　　一帆噓送大江風

산은 혹시 옮겨도 뜻은 못 옮겨
배 타고 섬에 온 걸 생각해 보소
흰머리 맨상투를 가릴 길 없더니만
치포관을 힘입어 옛모습 되찾았네

스승 따라 그날에 성을 나와서
이역 만리 이 섬에 끌려 왔지요
이 정도 고생쯤야 걱정 아니나
늙으신 부모님이 가련합니다

〈原詩〉
山移或可志難移　回憶登船入島時
白頭殘髻遮無蹏　賴有緇冠復古儀

從師當日下山城　況復殊方萬里行
大義縱難憂此苦　偏憐白髮暮年情

작자 : 滄湖　南　奎　振
※ 작자는 홍주 9의사의 한 사람. 이 漢詩는 대마도
　　유배생활중에 그 감회를 읊은 것이다. 특히 면암과
　　둔헌의 압운에 회답한 두 편의 七言絶句 詩에서는
　　望鄕과 부모에 대한 효도심이 잘 나타나 있다.
출전 : ≪馬島日記≫에서

文奭煥의 詩

삼천리 물 위에 길 배를 띄워 오니
딴 나라 슬픈 가을 먼 손의 시름일세
잠자던 용 갑자기 꿈 깨고 일어나니
우레 소리 한밤에 큰 강 위에 떨치네

〈原詩〉
三千水路送丹行　殊域悲秋遠客情
忽罷潛龍波底夢　晴雷一夜大江聲

바다라 서남쪽에 자리잡은 하나의 섬
비 지난 뒤끝이라 산들 기운 감도누나
석양의 매미 소린 내 나라와 비슷한데
언어도 다르고 의관도 다르구려

아홉 사람 나그네 고초를 겪으면서
만리 밖에 편지 보내 소식을 알리나니
지난 일을 생각하면 꿈만 같으니
성패(成敗)란 하늘에 달렸는가봐

〈原詩〉
海水西南闢一灣　過山乍雨動微寒
晚樹蟬聲如故國　殊方鴃舌異衣冠

僞客九人同苦楚　寄書萬里報平安
回息過境渾如夢　成敗由天用力難

부럽다 저 열 길의 높은 소나무
겨울철에 우뚝 서서 한결 푸르네
그대는 오동나무 사랑을 마소
가을철에 볼라치면 봄과는 달라

〈原詩〉
羨彼高松十丈身　特立窮冬綠染人
勸君莫愛梧桐樹　秋後看來不是春

나는 동해에 있고 집은 호서(湖西)라
고향 산천 꿈속에 역력하고나
이 걸음은 구경 위한 걸음 아니라
노중련(魯仲連)의 도해(蹈海)를 본받은 거다

〈原詩〉
家在湖西我在東　鄕山歷歷夢魂中
此行不爲南遊壯　留取丹心蹈海風

만사가 모두 다 운명인지라
천추에 몇 사람이 의를 지켰다
하늘이 풍뢰(風雷)를 빌려준다면
용이 어찌 굴 속에만 하냥 있으리

〈原詩〉

萬事由來有達窮　千秋秉義幾人同
天公若借風雷力　豈使神龍在窟中

같은 하늘 비 이슬에 초목이 나니
다른 나라 풍경에도 정을 느끼네
남으로 산이 터져 배가 나들고
집들이 조촐하여 낙조 비치네

피리소리 종소리 겸해 들리고
오는 수레 가는 말 길을 메운다
베개 위 고향 꿈이 놀라 깨니
바닷가에 푸른 연기 비끼었구려

〈原詩〉

雨露同天草木生　殊方物色感人情
一山南坼群帆出　萬戶秋晴落照明

短笛疎鐘來客枕　輪車征馬動江城
簾頭驚罷鄕關夢　海際靑烟數點橫

　　　　작자 : 文　奭　煥
　　　※ 작자는 홍주 9의사의 한 사람. 대마도 유배지에서
　　　　고국에 대한 감회와 이국 풍경을 읊은 七言絶句 漢
　　　　詩.
　　　　출전 : ≪馬島日記≫에서

靜齋의 詩

가을 바람이 소슬하니
영웅의 득의하는 때〔得意時〕라
장사가 없을 쏘냐 구름같이 모여든다

어화 우리 장사들아 격중가(激衆歌)를 불러 보세
한양 성중(城中) 바라보니
원수놈이 왜놈이요, 원수놈이 간신이라
삼천리 우리 강산 5백 년 우리 종사(宗祀) 어찌할까

아마도 의병을 일으켜 왜놈들 몰아내고 간신을 타살
하여
　우리 황제 받들고〔今上奉安〕 우리 백성 보전하여
　삼각산이 숫돌 되고 한강수가 띠 되도록 즐기고 놀아
보세
　우리 대한 만만세

붉은 피 파랗도록 원한이 치미니
밤마다 잠 못 들고 쓰린 가슴 문지르네
원수놈 목을 베어 말머리에 달고 와서
간대 끝에 매달아 남대문에 꽂고 말리

〈原詩〉

冤血斕天碧劍痕　枕邊不睡痛胸門
野馬獨夫將繫頸　梟懸我國市南門

시하이라 어버이 그리는 눈물
가슴 속에 나라를 걱정하는 마음
자려 해도 잠을 이루지 못해
달을 바라보며 산속으로 향하노라

〈原詩〉

緦下思親淚　胸中憂國心
欲眠眠不作　對月向山林

대궐을 사모하매 오색 구름 떠돌고
고향을 생각하니 조각달 밝구나
한밤중 풍악소리 차마 들으리
어찌하여…… (이하 불명)

〈原詩〉

夢懸北闕五雲靑　思入鄕園片月明
壯不堪廳夜樂　　如何(缺)

장수는 수저 없이 밥을 먹고
군사는 핫옷 아닌 홑옷 입었네
진흙길 고달피 행군하며
식미 시를 노래할밖에…… (이하 불명)

〈原詩〉

將啖無箸飯　軍着不綿衣
辛苦泥中路　行行歌式微(缺)

임금이나 어버이나 본래 같은데
충효가 어찌 길이 다를까보냐
이 몸이 진중(陳中)의 기둥이 되니
수주(壽酒)를 올릴 길이 없구려

〈原詩〉

君親元壹體　忠孝豈殊塗
身作中軍柱　無緣奉壽觴

　　　작자 : 靜齋　李　錫　庸(1878~1914)

　　　※ 작자는 임실 출신 항일의병장. 고종이 양위하자 진
　　　　안에서 의병을 일으켜 金東臣의 의병과 합세하여
　　　　기세를 떨쳤다. 그후 일본군에게 패하여 지리산으
　　　　로 철수, 군비를 재강화하여 적의 배후를 쳐서 승리
　　　　를 거두었다. 왜적의 죄 10조를 들어 檄文을 띄워
　　　　통박했다. 그의 시들에는 나라를 위하는 마음과 어
　　　　버이를 기다리는 정이 절절하게 표현되어 있다.

　　　출전 : ≪靜齋 李錫庸倡義日錄≫에서

沈南一의 抗日詩

정미년 擧義할 때 느낌이 있어

초야(草野)의 서생이 갑옷을 입고
말 달려 남으로 건너가네
만약에 왜놈들을 못 없앤다면
이 몸은 백사장에 죽고 말련다

細柳鳳臺에 유진하면서

봉서대(鳳捿臺)야 있다만 봉은 없구나
철마(鐵馬)는 언제 용솟음칠고
꾀꼬리는 날 저문 줄도 모르고
능수버들 봄 바람에 노래만 부르네

古引洞에서 군사를 해산함

장수랑 군사들은 눈물로 이별짓고
고인산을 떠나가니 말조차 더디구나
왜적을 없앨 날이 마침내 있으리니
3년 동안 맹세한 일 부디나 잊지 마세

감옥 속에서 옛 동산의 매화를 생각함

봄이 와도 매화꽃을 구경 못 한다
눈 속에서 얼마나 꽃이 피었나
이제 나는 돌아갈 기약 없다만
해마다 꽃이나 잘 피우려무나

광주 감옥에 이감되다

봄 가을 모르는 감옥살이라
해묵은 옷을 그대로 입고 있네
집안 생각 나라 근심 모두 다 눈물
고개 들어 강산을 볼 수도 없어

광주 감옥에서 姜武景에게

지난날 비바람 치던 이 세상에
아우라 형이라 사생(死生)을 같이
그대를 이감시켜 딴 데로 가니
우리가 무슨 죄를 지었단 말인가

대구 담판

5백 년을 내려온 예의의 나라
하루 아침에 왜놈 세상이 된단 말인가
이 몸이 차라리 죽고 말망정
원수와 함께 차마 살 수는 없어

맹세하고 3년을 싸웠지만
마침내 아무런 공이 없었네
뜨거운 눈물을 어디 쏟으리
장부가 한번 나서 헛되게 가란 말인가

고국 강산을 영결함

해와 달 밝던 이 나라 강산
어쩌다 먼지 속에 들어갔느냐
맑은 날 못 보고 지하로 가니
붉은 피 한이 맺혀 푸른 피 되리

어머니를 생각함

어머님은 얼마나 늙으셨는지
3년이 지나도록 뵙지 못했네
나라도 못 건지고 몸만 죽으니

천지간에 불효자란 말만 남겼네

〈原詩〉
丁未擧義時有感
林下書生振鐵衣　乘風南渡馬如飛
蠻夷若未掃平盡　一死沙場誓不歸

細柳鳳臺留陣
鳳捷臺上鳳捷遲　鐵馬長嘶問幾時
黃鳥不知天地暮　東風細柳任歌之

古引洞散軍
秋風將卒泣相離　古引山前馬去遲
一掃腥塵終有日　莫違三載死生期

監獄中憶故園梅
春來無處問梅花　透雪寒窓放幾花
今我歸期難可必　年年莫作未開花

移囚光獄
狴門一閉昧春秋　經歲寒衣未換新
滿目蒼茫家國淚　不堪擧首見風烟

光州獄中贈姜武景
天地十年風雨中　爲兄爲弟死生同
君遷我滯緣何事　罪在無名說莫窮

大邱談辨
五百年來禮儀東　跳跟蹄跡謾相通
此身寧作地中鬼　忍戴一天讐與同

百盟出戰已三年　此日無功亦是天
熱淚每從東海灑　丈夫生世豈徒然

訣故國江山
文明日月此江山　忽入腥塵暗曖間
未覩一晴歸地下　千秋化碧血痕班

思萱堂
堂上吾親白髮新　幾年拜退走兵塵
國危未濟家鄉隔　天地還爲不孝人

작자 : 沈　南　一

※ 작자는 함평 출신 항일운동가. 을사조약이 체결되
　자 강무경과 함께 7백여 명의 의병을 모집, 호남지
　방을 중심으로 항쟁을 하였다.
　　여기 실은 시들로 보아도 작자의 인간과 항일투쟁
　을 자세히 알 수 있다. 즉 1907년 11월 1일(음)
　함평에서 거의했다. 擧義詩에서 항일의 굳은 각오
　가 엿보인다.
　　그후 1908년 2월(음) 함평·남평·보성·장흥
　각 郡에 걸쳐 의병을 모집한 후 각군 수령과 향교
　에 통고문을 내고 본격적인 투쟁을 전개했다. 그후
　왕의 해산 조칙에 따라 1909년 7월 古引洞에서 의
　병을 해산했다. 고인동 散軍은 쓸쓸한 심정을 달랜

시. 의병을 해산한 후 능주 풍치에 잠행하여 피신하던 중, 日軍에 탐지되어 드디어 8월 26일 체포되었다. 監獄中憶故園梅와 移囚光獄은 항일 투사의 여유 있는 심경과 가정과 국가에 면목없음을 노래한 시. 작자는 끝까지 일제에 굴하지 않고 그들의 불의를 질책하고 있다. 강무경에게 줌, 대구 담판, 訣故國江山은 조국에 대한 불타는 일편단심을 보여준 시들이다.

출전 : ≪沈南一實記≫에서

梅泉의 憂國詩

忠武公龜船歌

충무공 가신 2백 년에 나라가 열리더니
화륜선이 오락가락 불꽃이 해를 가리네
고요한 양의 나라에 호랑이가 쳐들어와
화기(火器)가 하늘을 찔러 살기 등등하구나

저승의 충무공을 모셔 올 수 있다면
흉중에 신묘한 지략이 있으리니
거북선을 만드신 슬기를 짜내시면
왜놈들은 살려달라 빌고 양놈들은 달아나겠지

〈原詩〉
二百年來地毬綻　輪舶東行焰韜日
熨平震土虎入羊　火器掀天殺氣發

九原可作忠武公　囊底恢奇應有術
創智制勝如龜船　倭人乞死洋人滅

출전 : ≪梅泉集≫ 권1에서

碧波津

만번을 죽은들 전공(戰功)을 생각했던가
충무공 이 마음 무신(武臣)들은 배워야지
오랑캐 배 드나드는 지금에 와서야
혓바닥 깨물며 그 비석 가리키네

〈原詩〉
萬死何曾戰功計　此心要使武臣知
至今夷舶經行地　咋舌鳴梁指古碑

　　　※ 진도에 있는 碧波津은 충무공이 병사들을 훈련시키
　　　　던 곳. 개항 이후 이곳을 드나드는 왜선을 보기가
　　　　역겨워, 그때의 감격을 되새겨본 시.
　　　　　1896년 작. 벽파진의 마지막 부분 한 수만 소개
　　　　함.
　　　출전 : ≪梅泉集≫에서

義妓論介碑

풍천(楓川)의 강물이 하 그리 향기로워
내 수염 깨끗이 씻고 의랑(義娘)에게 절하노라
연약한 여자 몸으로 왜적을 죽이다니
남편이 시키는 대로 군대(軍隊)에 들었음이라
장수(長水) 고을 늙은이는 딸 자랑 한창이고
촉석루 붉은 단청 가신 넋을 위로하네

돌이켜보면 선조대왕 때는 인물이 하도 많아
기생도 그 이름을 천추에 전하네

〈原詩〉
楓川渡口水猶香　　濯我鬚眉拜義娘
蕙質何由能殺賊　　藁砧已自使編行
長溪父老誇鄕産　　蟲石丹靑祭國殤
追想穆陵人物盛　　千秋妓籍一輝光

　　※ 인물이 많았던 선조대왕 때에는 기생의 몸으로도
　　　나라 위해 죽었는데, 이 어려운 시국(고종 35)에
　　　너무나도 인재가 없음을 개탄, 장수 출신 義妓論介
　　　를 마음껏 기리고 있다. 1898년 작.
　　출전 : ≪梅泉集≫ 권3에서

發鶴浦至糖山津

개항하자 그때부터 나라 걱정 생겼다네
관세를 붙인다고 한 냥 두 냥 다툰다더니
오랑캐의 칠상(漆箱) 자기(磁器) 어디다 쓸 것인고
공연히 아까운 쌀만 동남으로 뿌리네

〈原詩〉
海禁開時國已憂　　空聞關稅較錙銖
漆箱磁盌知安用　　擲盡東南萬斛珠

※ 작자가 항구 도시 목포를 지나면서 읊은 漢詩. 개
  항 후 들어온 왜래품, 칠기·자기 등으로 우리 쌀을
  바꾸어 가 백성의 궁핍은 말이 아니었다. 1902년
  작. 發鶴浦至糖山津 7수 중 한 수만 소개함.
  출전 : ≪梅泉集≫ 권4에서

聞　變

한강은 울먹이고 북악산은 찌푸리는데
벼슬아치 세가집은 의연히 번잡하구나
청하노니 역대의 간신전(姦臣傳)을 읽어 보소
나라 팔아먹은 녀석 나라 위해 죽었던가

〈原詩〉
洌水舌聲白岳嚬　紅塵依舊簇簪紳
請看歷代姦臣傳　賣國元無死國人

※ 을사조약의 變報를 듣고 읊은 우국시. 聞變 3수 중
  한 수만 소개함.
  출전 : ≪梅泉集≫권4에서

絕命詩

새 짐승 슬피 울고 산하도 찡그린다
무궁화 이 강산이 속절없이 망했구나

등불 아래 책을 덮고 지난 역사 되새겨보니
글 아는 선비 구실 참으로 어렵구려

〈原詩〉
鳥獸哀鳴海岳嚬　槿花世界已沈淪
秋燈掩卷懷天古　難作人間識字人

　　※ 작자는 庚戌合倂의 비보가 전해지자, 모든 것을 체
　　　념하고 自裁해 버린다. 그 마지막 순간에 남긴 것이
　　　絶命詩이다. 4수 중 한 수만 소개함.
　　출전 : ≪梅泉集≫에서

작자 : 梅泉 黃　玹(1855~1910)
※ 전남 광양 출신의 개화사상가이자 애국시인. 1885
　　년 生員試에 장원했으나 시국의 혼란을 개탄하고
　　향리에 은퇴, 1910년 한일합병 때 국치를 통분하
　　여 자결함. 한말의 역사를 쓴 ≪梅泉野錄≫은 한국
　　최근세사 연구에 귀중한 자료가 되고 있다.
　　　이 시는 1884년 작. 倭洋의 침략을 개탄하는 역사
　　의식과 민중적 염원을 형성화한 것으로 유명하다.

去 國 歌

간다 간다 나는 간다 너를 두고 나는 간다
잠시 뜻을 얻었노라 까불대는 이 시운(時運)이
나의 등을 내밀어서 너를 떠나가게 하니
간다한들 영 갈소냐 나의 사랑 한반도야

간다 간다 나는 간다 너를 두고 나는 간다
지금 너와 작별한 후 태평양과 대서양을
건널 때도 있을지요 시베리아 만주들로
다닐 때도 있을지라 나의 몸은 부평같이
어느 곳에 가 있던지 너를 생각할 터이니
너도 나를 생각하라 나의 사랑 한반도야

간다 간다 나는 간다 너를 두고 나는 간다
지금 이별할 때에는 빈 주먹만 들고 가나
이후 성공하는 날엔 기를 들고 올 것이니
악풍 폭우 심한 이때 부디부디 잘 있거라
훗날 다시 만나보자 나의 사랑 한반도야

작자 : 島山 安 昌 浩(1878~1938)
※ 작자는 독립운동가·교육자. 이 노래는 경술합방
   되기 수 주일 전 중국으로 망명의 길을 떠날 때 남
   긴 悲歌.

安重根의 詩

義擧歌

만났도다 만났도다 원수 너를 만났도다
너를 한 번 만나려고 수륙(水陸)으로 기만리를
천신만고 거듭하여 가시성을 더듬었다
혹은 윤선 혹은 화차 노국 청국 방황하고
너를 오늘 만나보니 너뿐인 줄 아지 마라
오늘부터 시작하여 한 놈 두 놈 보는 대로
남의 나라 빼앗은 놈들 내 손으로 죽이리라

擧事歌

장부가 세상에 처함이여, 그 뜻이 크도다
때가 영웅을 지음이여, 영웅이 때를 지으리로다
천하를 응시함이여, 어느 날에 업을 이룰꼬
동풍이 점점 참이여, 반드시 목적을 이룰지로다
쥐도적 쥐도적이여, 어찌 목숨을 비길꼬
어찌 이에 이를 줄을 알았으리오
시세가 그렇게 하였구나
동포 동포여, 속히 대업을 이룰지어다
만세 만세여, 대한독립이로다

만세 만만세, 대한동포야

〈原詩〉

丈夫處世兮　其志大矣
時造英雄兮　英雄時造
雄視天下兮　何日業成
東風漸寒兮　必成目的
鼠窺鼠窺兮　豈肯此命
豈度知此兮　時勢固然
同胞同胞兮　速成大業
萬歲萬歲兮　大韓獨立
萬歲萬歲兮　大韓同胞

작자 : 安　重　根(1879~1910)
※ 이 노래는 한국 침략의 원흉 이토 히로부미 암살을
결의할 때 우덕순 등과 함께 부른 것이다.
　1909년 10월 26일 하얼빈 역두에서 이토 히로부
미는 안중근 의사가 쏜 권총 세 발을 맞고 쓰러졌
다. 이때 의사는 태극기를 높이 들어 대한독립만세
를 삼창하고 유유히 적에게 체포되었다.

　작자는 을사조약(1905)이 체결되자 가산을 정리
하고, 남포에 돈의학교(1907)를 세운 후 블라디보
스토크에 망명하였다. 1908년에 大韓義軍參謀中將
겸 特派獨立大將 및 俄領地區軍司令의 직책을 맡아
의병군을 이끌고 경흥까지 진군하여 일본군과 싸웠
다. 1909년 10월 26일에는 동양 침략의 원흉 이
토 히로부미를 사살, 민족의 울분을 풀어 주었고,

1910년 3월 26일 상오 10시 여순감옥에서 사형을
당했다. 그는 해박한 史的 안목으로 역사적 현실을
정확히 분석한 항일의사였다.

修堂의 憂國詩

三田渡嘆

구한(舊恨)과 신분(新憤)은 씻을 길 없는데
흐르는 강물은 그칠 줄 모르누나
마음 같아서는 창을 들고 앞장을 서서
북으로 만주, 동으로 일본을 짓밟고 나서
오는 길로 큼직한 옥돌을 깎아
우리 임금 어진 덕을 깊이 새겨 두리라

〈原詩〉
舊恨新憤難洗盡　江流日夜無終極
願言執殳爲前駈　北踏燕雲東日域
歸來斲得丈餘珉　銘我萬年君王德

　　　작자 : 修堂 李 南 珪(?~1907)
　　　※ 한말항일의사.
　　　　三田渡碑는 병자호란 때 청태종이 인조의 항복을
　　　받고 자기 공덕을 자랑하기 위해 세워 놓은 것.
　　　　작자는 이 비를 보면서 다시 외세의 핍박을 받게
　　　됨을 아이러니하게 술회한 시.
　　　출전 :≪修堂集≫에서

滄江의 憂國詩

九日發船作

비류성 밖 바닷물은 쪽빛으로 푸르른데
만리에 바람 불어 주흥이 거나하구나
뉘라서 화륜선 빠른 배가
문사(文士)를 태우고 강남으로 떠날 줄 안다고 하였
던가

동으로 살기(殺氣)가 불어 음계(陰計)가 들끓는데
그 누가 나라 위해 이 환난을 구할꼬
저녁놀 뜬구름이 천지에 물드는데
몇 번이고 머리 돌려 삼각산을 바라보네

〈原詩〉
沸流城外水如藍　萬里風來興正酣
誰謂火輪獰船子　解裝文士向江南

東來殺氣肆陰奸　謀國何人濟此艱
落日浮雲千里色　幾回回首望三山

출전 : ≪韶護堂集≫ 권4에서

追感本國十月之事

내 마음 싸늘하기 화로 밑에 죽은 재라
이국땅 하늘 아래 고국 보기 어렵도다
유난성(庾蘭成)은 글을 읽어 어디 쓰려 하였던고
공연히 애강남부(哀江南賦)를 지어 슬픈 정만 더하누나

〈原詩〉
爐底死灰心共冷   天涯芳草首難回
蘭成識字知何用   空賦江南一段哀

　　※ 중국으로 망명한 작자는 이국의 하늘 아래서 날로
　　　급박해지는 조국의 운명을 근심하며 이 시를 읊었
　　　다. 을사조약으로 국권은 이미 일제의 손아귀에 쥐
　　　어져 있었다.
　　출전 : ≪韶護堂集≫ 권4에서

聞安重根報讐事

평안도 장사가 두 눈을 부릅뜨고
양새끼 죽이듯 나라 원수 죽였구나
죽기 전에 들은 소식 하 좋아서
국화 곁에 미친 듯이 노래하며 춤추네

〈原詩〉
平安壯士目雙張   快殺邦讐似殺羊

未死得聞消息好　狂歌亂舞菊花傍

　　※　을사조약으로 국가의 장래를 통탄하다가 1908년
　　　중국에 망명, 通州에 살면서 학문으로 여생을 보낸
　　　한말의 저항시인.
　　　　이 시는 작자가 안중근 의사의 의거를 듣고 기쁨
　　　에 넘쳐 읊은 漢詩.
　　출전 : ≪韶護堂集≫권4에서

해삼위 하늘가 맴돌던 독수리
하얼빈역 내려서자 벼락불 터졌네
육대주 호걸들이 깜짝 놀라서
가을 바람 낙엽지듯 수저를 떨구네

〈原詩〉
海蔘港裏鶻磨空　哈爾濱頭霹火紅
多少六州豪健客　一時匙箸落秋風

예로부터 망하는 나라 어이 없으리
금성탕지(金城湯池) 굳은 성도 좀도둑이 헐었구나
하늘을 괴울 만한 이런 분이 있으니
나라는 망했어도 광채는 빛나리라

〈原詩〉
從古何嘗國不亡　纖兒一倒壞金湯
但令得此撑天手　却是亡時也有光

聞黃梅泉殉信作

맥수가 부르고 나서 독배(毒盃)를 들었나니
비바람 치는 밤에 산도깨비 울어댄다
누가 진작 이 뜻을 작정할 줄 알았으랴
옛사람 본받는 십영시(十詠詩) 지을 그때 벌써부터
가슴속에 간직하고 있었다네

〈原詩〉
麥秀歌終引酖卮　五更風雨泣山魑
誰知素定胸中義　已在嘐嘐十詠詩

　　※ 文友 梅泉이 亡國의 소식을 듣고 自裁하였다는 말
　　　이 전해지자 장하게 죽은 벗의 매서운 절조를 기리
　　　어 지은 시.
　　출전 : 《韶護堂集》 권5에서

嗚呼賦

아! 동서남북 어디를 가도 땅 아닌 곳이 없는데
나는 어쩌다 이 땅에 태어났는고
고왕금래에 하고 많은 날 가운데
이 몸은 어쩌다가 이때를 만났는고
하늘에 소리쳐 물어보고 싶어도
하늘은 입다물고 말이 없도다
아! 저 하늘 먼 곳에 있어 대답하지 않나니

옷깃을 여미고 내가 입을 열리라
순박하던 조상님네 좋은 시절엔
저마다 나라 지켜 백성 편케 하였도다
나라야 크건 작건 무슨 상관하였던가
오로지 덕이 어떨까 그것만 따졌지
순박하던 그 시절 지나고부터
호랑이가 뺏아가고 이리도 앗아가네
온 세상이 저마다 무비(武備)에만 힘을 써
땅덩어리 넓혀 놓고도 더 못 넓혀 걱정이라
슬프다 콩알만한 작은 나라 이것이
이때에 처하기가 더더욱 어렵구나
암컷처럼 엎드려 저 혼자만 면하려고
남에게 뇌물 바쳐 종복(從僕)이 되란 말인가
나라꼴 요모양으로 하고서도
조그마한 촌마을보다 낫다고 하겠는가
그래도 그 운수가 극성할 때에는
하늘이 간간이 기인이라도 주셔서
서로 살수에서 수나라를 꺾었고
동으로는 거북선으로 왜놈 넋을 빼앗았는데
아! 슬프다 아무리 나라가 쇠했어도
지금 같은 때는 없었으니
뉘라서 우리 임금께 욕 안 가게 하겠는가
다투어 호랑이에게 살코기를 먹여 놓고
그 누린내 맡겠다고 애걸복걸하단 말인가
한 목숨 더 살겠다 발버둥치지마는
이 몸 또한 고깃덩어리인 줄 어찌 그리 모르는가

아! 지금의 만국 사정이 행여, 전날과 다름이 있을까
공법(公法)을 가지고 육국(六國)이 원수(洹水)에서
회맹(會盟)하는 판이로다
진실로 제 힘으로 다스릴 수만 있다면
아무리 약할지라도 국권을 안 잃을 텐데
어찌하여 우리 임금 어지신 덕으로도
그같은 의논에 빠져들게 하였던가
아마도 귀신이 장난을 하는 거겠지
동풍이 어지러이 불어 닥쳐서
바닷물이 하늘로 치솟아 오르고
육지를 뒤덮어 물바다 되어
인왕산을 뿌리째 뽑아 눕혔도다
광화문 저녁 종은
그 누가 칠 것이며
기자의 제사는
어느 민족이 받들 것인가
아!
우리는 어찌하여 귀신도 없고 하늘도 없단 말인가
홀로 조종조에서 유교를 숭상하여
마지막에 의사 한 분 안중근을 얻었도다
생생한 그 기상 아직도 늠름한데
뉘라서 나라가 망했다고 이르리요
틀림없이 혼령은 나를 돌아볼지니
향기로운 난초를 들고 강가에서 기다리리요

〈原詩〉

嗚呼　東西南北無非地兮　余何生乎茲堨

古往今來亦多日兮　余又何丁乎茲辰

呼皇穹而欲問兮　穹嚜默而無言

嗚呼　穹旣邈然不我答兮　請敷袥而自陳

惟上世之淳朴兮　紛虎奪而狼攘

戈已長而猶恐其或短兮　疆已闊而猶患其不廣

嗟我彈丸黑子之邦兮　處斯際也良難

恭雌伏以自免兮　筐于人而僕臣

夫惟如此而爲國兮　豈云賢於紀綱三家之村

然其運之極盛兮　天或授以奇人

摧西鋒於薩水兮　襯東魂於龜船

嗚呼哀哉　衰莫衰於今日兮　疇能不令辱及于吾君

競迎虎而餉肉兮　從而乞其餘羶

欲以延其須臾之命兮　庸詎知夫吾身亦一肉也旃

嗚呼　今日萬國之際或與曩時異兮　持公法而會洹

苟使眞能自治兮　雖綿弱猶不喪國權

何吾君之仁聖兮　而偶遭乎厥議

豈天命之若斯兮　抑怪鬼之好戲

東風颭颭兮　海水暴揚

涵陸浩浩兮　橫拔仁王

光化之鐘兮　何人于夕

箕子之神兮　何族于食

嗚呼哀哉已矣兮　吾其無知鬼而無如天

獨祖宗之崇儒兮　其終也得一義士安重根

彼生氣之凜然兮　孰云國之盡圮

庶英靈之顧我兮　搴秋蘭以竣乎江之涘

※ 두고 온 조국이 마침내 합병의 禍를 입었다는 소식
　을 들은 작자는 중국 통주에서 비분을 달랠 길 없
　어 이 시 한 수를 읊었다. 이것이 시인 창강이 조국
　에 바친 마지막 노래이다.
출전 : ≪韶護堂集≫ 권6에서

작자 : 滄江　金　澤　榮(1850~1927)
※ 작자는 개성 출신 憂國志士. 을사조약을 눈앞에 두
　고 망명선에 올랐을 때의 심경을 읊은 시.

寧齋의 憂國詩

過李忠武公舜臣墓

임진 계사 왜란을 어찌 차마 기억하랴
죽어간 혼령들은 지금도 슬퍼하리
아름다운 이름은 제갈량(諸葛亮)을 표방하고
중흥한 공로는 곽자의(郭子儀)에 힘입었도다
바람 앞에 소나무는 오히려 꼿꼿하고
가을 풀은 스스로 우거져 있다네
이 세상에 그 누가 공과 같을까
임 계신 구중 심처엔 군악소리 요란하네

〈原詩〉
龍蛇那忍憶　猿鶴至今悲
美諡標諸葛　中興郭子儀
風松猶謖謖　秋草自離離
此世誰公輩　重宸聽鼓聲

출전 : ≪修堂集≫에서

牙山過李忠武公墓

원수(元帥)의 위국충정 온 세상이 다 아니
이곳에 와 묘비문을 거듭 읽어봅니다
저녁에 서풍 불어 소나무 소리 차갑더니
한산도 왜적칠 때 그 소리와 같습니다

〈原詩〉
元帥精忠四海知　我來重讀墓前碑
西風一夕松濤冷　猶似閒山破賊時

※ 충무공의 묘소를 찾아간 작자의 감회는 현실에 대
한 인식에서 온 것이다. 작자의 시가 다른 淺學의
무리와 준별해야 함은 時局觀에 있으며 역사인식의
태도에 있다고 하겠다.
출전 : ≪명미당집≫ 권2에서

작자 : 寧齋 李 健 昌(1852~1898)
※ 인물이 없어 나라가 합병의 화를 입었음을 개탄하
며, 곧은 절개와 남다른 시국관을 보여 준 작자는
충무공과 같은 위인을 애타게 찾고 있다.

拓庵의 詩

당당한 대의를 펴고야 말 것이
늙은 이 몸 막대 짚고 뒤를 따라나섰소
한 조각 붉은 마음 간 곳마다 서로 통함을
살아도 죽어도 맹세코 서로 도우리

펴는 중에 굽힘 있고 굽히는 중에도 펴는 것이
태악(泰岳)도 홍모(鴻毛)도 다 같은 티끌이오
밝고 밝은 이 마음 아직도 죽지 않은 것이
천일(天日)을 돌리는 그 일인들 어찌 될 수 없으리

작자 : 拓庵 金 道 和
※ 작자는 안동 의병장. 이 시는 단양·상주 등지에서
　　왜적 토벌에 활약하는 서상렬 의병대장에게 보낸
　　것으로 노(老)지사의 일편단심이 잘 그려져 있다.
출전 : ≪義兵抗爭史≫에서

夢庵의 抗日詩

우뚝 솟은 저 산이 하늘같이 높다지만
기세를 겨뤄 보면 어느 것이 웅장한고
만약에 남아가 죽을 곳을 얻었다면
몸 하나 던지기란 홍모(鴻毛)보다 가볍다오
만 가지 일 생각하면 모두가 한 꿈이라
한양성 비바람은 정히도 아득쿠나
손에 든 한 자루 칼 어디다 쓴단 말인가
아직도 공중 향해 하얀빛을 쏘누나

〈原詩〉

山巉巖入天高　氣勢爭看孰興豪
若使男兒得死所　一身輕擲一鴻毛
萬事商量一夢長　漢城風雨正茫茫
手中一物今何用　猶向晴空代白光

　　　작자 : 夢庵 신 덕 순
　　※ 작자는 항일의병으로 1908년 11월 적에게 피살되
　　　기까지 가산을 탕진해 가며 적과 싸운 투사이다. 이
　　　시는 고창 사람 염동균이 작자와 같은 감방에서 옥
　　　살이할 때 한 구술을 신의균(申義均, 덕순의 동생)
　　　에게 전한 것이라고 한다.
　　　'내 목이 잘릴지라도 순종하기는 어렵다. 지난날
　　　거사할 때 마음은 이토 히로부미의 살을 씹어 먹고

五賊놈들의 살가죽을 벗겨 깔고 자고, 우리 國母의
원수를 갚고, 우리 삼천리 강토를 회복하여 우리 主
上으로 하여금 태평의 날을 보시게 하려는 것이었
는데 어찌 네놈들에게 순순히 굴복하겠느냐?' 이 얼
마나 충의에 찬 울부짖음이랴.
출전 : ≪夢庵倡義事實≫에서

倡　義　歌

前　略

빈지쪽 벽돌담에 찬바람 소슬하고
건넛산 두견조는 붙여귀로 밤새우고
새 절 곁에 회석정은 옥수심회 도와 낸다
정수의 부는 바람 원한을 아뢰는 듯
분국의 맺힌 이슬 의병 눈물 아니런가
국운이 불행키로 이럴 수가 있단 말인가

충의열사 몇몇이며 난신적자 몇몇인고
총명이 광인키로 역력히나 말할쏜가
만고충신 최면암은 대마도에 아사하고
사군절충 이준 씨는 만리타국 외국 가서

만국공회 열좌 중에 간을 내어 피를 품고
민충정 누현각에 사절죽이 자생일네
마디마디 충절일 뿐 영영이 잇깟되고
생계대장 원용팔은 원주옥에 아사하고
백두서생 안중근은 수만여 리 하얼빈에
이토 히로부미 살해하고 여순구에 처교당코

평양병정 김봉학 씨 제 가슴을 제 가놓아
만인에게 공포하고 영문 앞에 복사하고

영상의 조영하 씨 내시의 유재현 씨
갑신년 사흉난의 경운궁에 요참하고
궁내대신 이경직 씨 영문대장 홍재희 씨
경회루 정각 앞에 삼포에게 포살하고

부분은 다를망정 애국사상 일반이라
청주대장 노병대 씨 대구옥에 아사하고
영양대장 신돌석 씨 원주턱무 민긍호 씨
정선대장 남필한 씨 춘천대장 이병상 씨
호좌우군 변학기 씨 생검허여 피살하고

진동대장 허위 씨며 호좌대장 이강년 씨
관동대장 이인영 씨 가평대장 박애봉 씨
단양대장 이병상 씨 양주대장 정용대 씨
관동중군 이은찬 씨 호좌중군 김강태 씨
본진중군 유재칠 씨 원주중군 김현국 씨
단양중군 조필한 씨 양주중군 김석영 씨
본진참모 엄해윤 씨 평양서생 이재명 씨
처교는 당했으나 유방백세 아니될까
이재명 흘린 피가 이에 적당한 말일세

사흉은 누가 되며 오적은 누가 될까
금능위 박영효와 이조참판 김옥균이
재조의 서광범이 참위에 서재필이
내부대신 이지용이 군부대신 박제순이
농상대신 송병준이 외부대신 이완용이

이정대신 한규설이

칠간은 누가 되며 팔적은 누가 될까
궁내대신 민영규며 군부대신 이병무며
군부찬정 민영기며 전권대신 이하영이
군부찬정 권중현이 만고간신 윤태영이
중추원장 김가진이 군무총장 이근택이
유취만년 되오리다
下 略

작자 : 申 泰 植(1864~1932)
※ 작자는 문경 출신 항일의병장. 이 노래는 약 1200
　　행에 이르는 것으로 앞의 생략부분은 각 지방 의병
　　들의 생활, 전투 상황 등을 기록했고 후반의 생략
　　부분은 의병이 개선한 후의 생활 모습을 노래했다.
출전 : 大邱源花女高 鄭輝昌씨 소장

石洲의 抗日詩

삭풍(朔風)은 칼보다 날카로워
나의 살을 에는데
살은 깎이어도 오히려 참을 수 있고
창자는 끊어져도 차라리 슬프지 않다
그러나 이미 내 전택(田宅)을 빼앗고
또다시 나의 처자를 넘겨다보니
차라리 이 머리는 잘릴지언정
어찌 내 무릎을 꿇어 종이 될까보냐

〈原詩〉
朔風利於劒　　凜凜削我肌
肌削猶瑾忍　　腹割寧不悲
旣奪我田宅　　腹謀我妻孥
此頭寧可斫　　此膝不可奴

　　작자 : 石洲 李 相 龍
　　※ 한말 구국 의병항쟁이 일제의 탄압으로 좌절되고 19
　　　10년 8월 드디어 일제가 한반도를 강점하자, 많은
　　　애국지사와 의병장들은 조국광복의 굳은 투지를 안
　　　고 망명 길에 올랐다. 이 五言詩는 압록강을 건너면
　　　서 그 감회를 읊은 것이다. 작자는 항일 독립운동에
　　　반생을 바치고 만주 서란(舒蘭)에서 영면하였다.
　　출전 : ≪獨立運動史≫에서

날 새길 기다리자니

나뭇잎 떨어져
산 모습 고요한데
가을 하늘은 높고
달빛 더욱 밝구나

장사의 마음속엔
일만 군마가 달리는데
날만 새길 기다리자니
밤이 이리 깊구나

〈原詩〉
木落山容靜　天高月影肥
壯士意萬馬　待旦夜漫長

　　작자 : 晦峰 李 楨
　　※ 작자는 北路軍政署 사령관의 비서. 학문에 조예가
　　　깊었고 愛國漢詩가 있음.
　　　　이 한시는 靑山里 대첩 중의 백운평 승전 전날 밤
　　　(1920년 10월 20일) 작전상 매복해 있으면서 감
　　　회를 적은 즉흥시. 이 역사적인 하룻밤이 새고 10
　　　월 21일 첫 승리를 가져왔다.
　　출전 : 李範奭 著 ≪우둥불≫에서

禹德淳의 詩歌

義擧歌

만났도다 만났도다 너를 한 번 만나고자
일평생에 원했지만 하상견지만야(何相見之晩也)런고
너를 한 번 만나려고 수륙으로 기만리를
혹은 윤선(輪船) 혹은 화차 천신만고 거듭하여
노청(露淸) 양지 지날 때에 앙천(仰天)하고 기도하길
살피소서 살피소서 주예수여 살피소서
동반도(東半島)의 대제국을 내 원대로 구하소서
오호라 간악한 노적(老賊)1)아
우리 민족 2천만을 멸망까지 시켜놓고
금수강산 삼천리를 소리없이 뺏느라고
궁흉극악(窮凶極惡) 네 수단을

중　략 (미상)

지금 네 명 끊어지니 너도 원통하리로다
갑오 독립 시켜놓고 을사늑체한 연후에
오늘 네가 북향(北向)할 줄 나도 역시 몰랐도다
덕 닦으면 덕이 오고 죄 범하면 죄가 온다

---

1) 이토 히로부미를 가리킴.

네뿐인 줄 알지 마라 너의 동포 5천만을
오늘부터 시작하여 하나 둘씩 보는 대로
내 손으로 죽이리라

　　　작자 : 禹　德　淳(1876~?)
　　　※ 작자는 충북 제천 출신 독립운동가. 이 노래는 안
　　　　중근·조도선과 같이 이토 히로부미 암살을 결의할
　　　　때 참여하겠다는 응답으로 부른 것이다. 안중근 의
　　　　사가 거사한 후 작자는 관성자에서 체포되어 3년형
　　　　을 선고받았다.
　　　출전 : 《騎驢隨筆》에서

朝鮮놈을 어이리

죄없는 성한 몸을 네 손으로 죽여 놓고
엄살로 잘 죽는 놈 또 죽어라 때리는 것
악마도 하늘 무서워 감불생심이리라

악마도 아닌 놈이 악마보다 더한 왜놈
악마도 못 할 짓을 네가 내게 행한 대로
천추에 잊지 않고서 그대로만 하리라

물 주마 과자 주마 개심을 해라
얼마나 목이 마르느냐 배가 고프냐
물 먹고 과자 먹고 개심만 하면
당장에 이 자리서 석방이 된다

네놈이 주는 물은 붉은 피눈물
네놈이 주는 과자 동포의 주검
목말라 죽고 죽어 옥에 썩어도
네놈이 주는 물은 아니 마신다

왜놈이 좋다 하되 왜놈이니 왜놈 좋지
왜놈이 아닌 놈이 왜놈 되려면 왜놈 되랴
열네 번 죽어 보아도 조선놈을 어이하리

작자 : 미상
출전 : 鮮于燻 著 《民族의 受難》에서

왜놈만이 하는 그 짓

온 세상이 다 못 해도 왜놈만이 하는 그 짓
남의 나라 빼앗고도 민족마저 죽이는 짓
없는 트집 씌워 놓고 악형으로 죽이는 짓

온 세상이 다 못 해도 왜놈만은 하는 그 짓
단근질에 주리 틀고 달아매어 죽이는 짓
물 안 주고 밥 굶겨 애를 태워 죽이는 짓

작자 : 미상
출전 : 鮮于燻 著 ≪民族의 受難≫에서

向 祖國進軍

대포소리 울려퍼지는 곳에 봄이 오니
청구(靑丘) 옛 땅에도 빛이 새로워라
달빛 아래 산영(山營)에서 칼을 가는 나그네
철채(鐵寨) 바람결에 말을 먹이고 서 있네

중천에 펄럭이는 깃발 천리에 닿은 듯
진동하는 군악소리 멀리도 퍼져가네
섶에 누워 쓸개 핥으며 십 년을 벼른 마음
현해탄 건너가서 원수를 무찌르세나

〈原詩〉
砲雷鳴送萬邦春
大地靑丘物色新
山營月下磨刀客
鐵寨風前秣馬人
旌旗蔽日連千里
鼓角掀天動四鄰
十載臥薪嘗膽志
東浮玄海掃腥塵

작자 : 白冶 金 佐 鎭(1889~1930)
※ 이 한시는 1920년 이른 가을 北路軍政署 독립군이

만주 길림성에서 백두산으로 이동 준비를 끝낸 심
정을 김좌진 장군이 읊은 것. 이 같은 시는 곧 당시
장병 전체의 정신과 기백을 말하여 주는 것이다.
출전 : ≪獨立軍戰鬪史≫에서

祈戰死歌

1

하늘은 미워한다. 배달족의
자유를 억탈(抑奪)하는 왜적들을
삼천리 강산에 열혈(熱血)이 끓어
분연히 일어나는 우리 독립군
　　맹세코 싸우고 또 싸우려니
　　성결(聖潔)한 전사를 하게 하소서

2

백두산의 찬바람은 불어 거칠고
압록강 얼음 위에 은월(銀月)이 밝아
고국에서 전해 오는 피비린내
갚고야 말 것이다. 골수에 맺힌 한을
　　맹세코 싸우고 또 싸우려니
　　성결한 전사를 하게 하소서

3

물어보자 동포들아 내 죄뿐이냐
네 죄도 있을지니 함께 싸우자
하나님 저희들은 굽히지 않고
천만대 후손의 자유를 위해
　　맹세코 싸우고 또 싸우려니

성결한 전사를 하게 하소서

작자 : 鐵驥 李 範 奭(1900~1972)
※ 백운평 승전, 천수평 승전이 있은 후 의기 충천하
  는 독립군들이 혜산진에서 서울 북악산까지 진군하
  기 위해 敎成隊를 편성, 맹훈련중 작자가 작사·작
  곡했다.
출전 : ≪우둥불≫에서

獨立이 사업이라네

푸른 산 곧은 솔나무
모두가 우리 편임을
앞서거니 뒤서거니
독립이 사업이라네

우리 땅 양산(兩山)에서
큰 도끼 시험해 보세
죽은들 무엇이 유감이리
내 평생 소원이라네

천마산 그 빛은
만고에 길이 푸르고
압록강 큰 물결
쉬지 않고 흐른다네

〈原詩〉
碧山直松　皆吾同宗
前後相繼　獨立爲業
今我兩山　更試闊斧
一死何憾　先天宿志
天磨山色　葛古長靑
鴨綠江水　不息長流

작자 : 李 東 奎

※ 항일투사인 작자의 심경은 '독립이 사업'이요, 또
   독립을 위해 죽을 각오가 되어 있다. 이 시는 삭주
   군 양산면 전투중 적 경찰대와의 격전 끝에 희생된
   4명의 대원 중 작자의 호주머니에서 발견(유품)된
   自挽詩로 우리를 감격케 한다.
출전 : 독립신문 1921년 11월 26일자

濟濟多士들 장하구나

이른 아침 한밤중에
묵도하고 천궁(天宮)에 절하옵니다

대도(大道)는 사곡(私曲)이 없는 것이
지성이면 감통(感通)한다네
세상 변천은 이제 몇 번이나
쓰리고 아픈 일들
이중 삼중 겹치누나

말만으로 되는 일 없는 것이
실천해야만 성공한다네
그리운 강산 어디로 찾아가나
풍랑에 같은 배를 탄 것이

제제다사(濟濟多士)들 장하기도 하구나
성성한 백발에
기개 아직 웅대한 것을

님 계신 곳 찾아가는데
모두가 사공이요, 타수(舵手)라네

일심으로 피안을 향해

어기어차 저어 가세나

환영하고 축하하는 날
그 즐거움 무궁하오리
때는 팔월 중강(中江)상에서
예관(睨觀)은 국종배례하옵니다

　　　작자 : 睨觀 申 奎 植(1880~1922)
　　　※ 항일 독립운동가. 망명 지사들은 상해 등지에서 同
　　　　濟社를 조직하였다. 이는 독립운동 단체요, 우리 동
　　　　포들의 상부상조 기관이다. 우선 유랑하는 동포들
　　　　의 생활 개척도 중요하지만 일제의 세력을 몰아내
　　　　고 조국강산을 찾는 것이 급선무였다. 작자는 이 시
　　　　를 통해 동제사의 취지와 앞으로의 전망을 잘 그려
　　　　주고 있다.
　　　출전 : ≪兒目淚≫에서

아아 내 나라

모든 복락(福樂)
모든 번영(繁榮)
모든 생활의 본원(本源)
아아 내 나라
그대밖에 또 있으리
아아 내 나라

한없는 고통(苦痛)
환난(患難)
오오 비록 죽음이 있다 한들
아아 내 나라
다 무엇이리
아아 내 나라
그대만 있으면

내가 나고
자라난 곳
억만대 후손의 기업(基業)
아아 내 나라
천하를 준다 한들
아아 내 나라
임에게 비하리

죽어도 임 위해
살아도 임 위해
아아 내 나라
나의 생명(生命)
영원히 내 사랑
아아 내 나라
아아 내 나라

작자 : 海 日
출전 : ≪독립신문≫(상하이판) 1920년 1월 1일자

새 빛

어두운 밤의 막이 열린다
새빛을 띤 해가 동산(東山)에 떠오른다
아아! 이날에 한족(韓族)이
열광의 기쁨으로 새빛을 맞는도다
삼천리 산과 들에 서기(瑞氣)가 차고
삼천만 살과 뼈에 선혈(鮮血)이 뛰도다
영원히 이 땅에 광명을 비춰일
3월 1일의 새빛
자는 자여 아침이 이르렀다
갇힌 자여 옥문(獄門)을 깨뜨려라
아아! 이날의 한족이
붉은 피로써 자유를 부르짖는도다
삼천리 풀과 나무 2천만 입술이
뜨거운 만세로 떨도다
영원히 이 땅에 복락(福樂)을 주고
영원히 이 자손의 자유를 비는
3월 1일 만세

내 팔을 찍으라, 다리도 버히라
창으로 찌르라, 총으로 쏘라
아아! 이날에 한족의
불 같은 용기가 나타나도다

그 목숨이 없어지는 마지막 순간에
그는 낙원에 노래하는 자손을 보도다
이 핏줄기를 따라 내려온
이 핏줄기를 따라 내려갈
무궁히 전할 이날의 용기(勇氣)
모든 누추(陋醜)를 이날에 태우다
모든 죄악을 이날에 씻다
아아! 이날에 한족이
피의 세례로 다시 살도다
다시 산 아들 딸의 어여쁜 얼굴에
지하의 조령(祖靈)들이 웃음을 띠시도다
새로운 때에 새로이 살아난
새로운 목숨으로 새로이 살아갈
한족에 복이 있으라

　　작자 : 柳　榮
　　출전 : ≪독립신문≫(상하이판) 1920년 3월 1일자

三月 一日

황하수(黃河水) 건너 부는 바람
피바람 한숨바람
아아! 이날에 수만의 무고(無辜)
왜칼에 왜총에 맞고 죽단 말가
오오! 언제나 유혈이 끝나리
언제나 끝나리

거룩한 싸움 의로운 싸움
어느덧 일년이로다
지하의 의로운 영령(英靈)
철창에 자는 용사(勇士)
그러나 안심하소서
안심하소서
자유의 햇빛이 정의의 깃발이
새 광채 발할 날 머지않나니
머지않나니
노예의 쓰라림
압박, 악형, 학대
아아! 생각만 하여도 소름이 끼친다
내 아우 채우던 모습
내 누이 끌리어 가는 모양
내 부모의 여원 혼(魂)

아아! 아직도 이 눈에 암암하다

죽어도 이 기반(羈絆)은 면하고 말리라
천만번 다시 죽어도
독립은 하고야 말지어다
온 천하 다 막아도
독립은 하고야 말리라
삼천리 피 위에 뜨고
2천만 하나 안 남아도
독립은 하고야 말리라

이 가슴 뛰는 피, 정의의 피
이 팔뚝 흐르는 피, 자유의 피
이 피를 뿌릴 때
영광의 무궁화
다시 피리라
그리운 조국강산
환희에 차리라
환희에 차리라

작자 : 金 興
출전 : ≪독립신문≫(상하이판) 1920년 3월 1일자

결별의 詩

나라 향한 붉은 정성은
　늘 한반도의 일월 같은데
내 몸은 이국 땅
　중국에 묻히는구나
이제 인간만사(人間萬事)
　뿌리치고 정리해 버리니
오늘 아침이야말로
　독립의 해로구나

〈原詩〉
丹心韓日月　白骨漢山川
卸却人間事　今朝獨立年

　　작자 : 曹　正　煥
　　※ 이 결별의 시는 김해 출신 작자가 국내에서 항일
　　　운동을 하다가 3·1운동 후 만주로 건너가 그곳에
　　　서 한반도에 있는 가족들과 일체 연락을 끊고, 오직
　　　독립운동만을 위해 활약하는 한 애국지사의 위국충
　　　정이 잘 나타난 작품이다.
　　출전 : ≪獨立軍鬪爭史≫에서

尹奉吉의 詩

虹口公園을 踏靑하며

처처(萋萋)한 방초(芳草)여
명년에 춘색(春色)이 이르거든
왕손(王孫)으로 더불어 같이 오게

청청(靑靑)한 방초여
명년에 춘색이 이르거든
고려(高麗) 강산에도 다녀 가오

다정한 방초여
금년 4월 29일에
방포일성(放砲一聲)으로 맹세하세

　　　　출전 : ≪尹奉吉傳≫에서

月進會金言

一. 月……월지광(月之光)으로
　　　　일락지음(日落之暗)을 다시 밝힐 수 있다.
二. 進……진행곡에 발을 맞추어 한마음 한 뜻으로

　　　　　전진하자
三. 會……회(會)의 준분(準分)을
　　　　　간폐(肝肺)에 굳세게 명각(銘刻)하자
四. 金……금(金)과 같이 당당한 만가의 숭배물이 되
　　　　　자
五. 言……언약불수(言約不守)면 불신(不信)이요,
　　　　　불신이면 비인(非人)이다

　　　　출전 : ≪尹奉吉傳≫에서

月進會歌

一. 조화신공(造化神功) 가야산의 정기를 받고
　　절승경개 수덕산의 정기를 모아
　　금수강산 삼천리 무궁화원에
　　길이길이 빛을 내는 우리 월진회(月進會)
二. 가야산은 우리의 배경이 되고
　　온천들은 우리의 무대장(舞臺場)이다
　　두 팔 걷고 두 발 벗고 출연하여서
　　어서 바삐 자작자급(自作自給) 실현을 하자
三. 암흑동천(暗黑東天) 개명성(啓明星)이 돌아오나니
　　약육강식 잔인성을 내어 버리고
　　상조상애(相助相愛) 넉 자를 철안(鐵案) 삼아서
　　굳세게 단결하자 우리 월진회

　　　　출전 : ≪尹奉吉傳≫에서

白凡先生

높고 우람한 청산같이
만물을 실어 키우는도다
울울한 푸른 소나무여
사철을 변치 않도다
탐스런 봉새의 노님이여
아스라하게 날도다
온 세상이 모두 혼탁함이여
선생 홀로 깨끗하도다
늙어 더욱 정정함이여
선생의 의기로다
와신상담함이여
선생의 적성이로다

〈原詩〉

巍巍靑山兮　　載育萬物
鬱鬱蒼松兮　　不變四時
濯濯鳳翔兮　　高飛千仞
擧世皆濁兮　　先生獨淸
老當益壯兮　　先生義氣
臥薪嘗膽兮　　先生赤誠

　　　　출전 : 《尹奉吉傳》에서

　　　작자 : 尹 奉 吉(1908~1932)
　　　※ 작자는 항일의사. 이 시는 1932년 4월 29일, 중

국 虹口公園에서 있을 거사의 현장인 천장절경축식
전장을 돌아보고 나오며 감회에 잠겨 쓴 것이다. 그
는 그날 虹口公園에서 폭탄으로 일본의 시라카와
요시노리 대장을 죽였다.

出 發 信 號

기쁨의 웃음이 넘쳐 흘러야 할 이 땅에
삶을 값싸게 내던지는 울음이 가득 찼거늘……
시인은 붓대를 꺾어 던지고 귀 막고 누웠느냐
웅변가는 눈 감고 입을 봉하고 앉았느냐

유쾌한 행진곡이 우렁차게
저…… 멀리 산꼭대기까지 들리어야 할 이 거리에
행오(行伍)를 잃은 무리 서로 짓밟거늘……
깃(旗)대잡이는 안일(安逸)의 그늘 속에 도피하고
나팔수는 낮잠을 자느냐, 자느냐

아닐세 여보게들
시인은 새 노래를 들려 주어
이 거리에 명랑한 웃음꽃을 피우고
나팔수는 힘찬 나팔을 불어
용감한 출발 신호를 울려야 할 것 아닌가
그날엔 빛을 잃었던 태양도 다시 빛날 것이니

작자 : 洋　兒
출전 : 《조선문단》 4권 2호 1935년 2월

한나라 생각

나는 네 사랑
너는 내 사랑
두 사랑 사이
칼로 썩 비면
고우나 고운
핏덩어리가
줄줄줄 흘러나려 오리라
한 주먹 덥석 그 피를 쥐어
한 나라 땅에 골고루 뿌려서
떨어지는 곳마다
꽃이 피어서 봄맞이 하리

작자 : 丹齊 申 采 浩(1880~1936)

※ 작자는 순수한 민족주의적 史觀으로 일제하의 식민
사관을 배격했으며, 항일 독립운동의 이념적 선구
자였다. 또 우리나라 언론의 선구자적인 인물이었
다.
　이 시는 작자가 압록강을 건너 망명하며 잃은 나
라를 다시 찾는 길은 오직 서로 힘을 모아 피(항쟁)
를 뿌리는 것이라는 심경을 읊은 것이다.

출전 : 《나라사랑》에서

心山의 獄中詩

병든 몸 구차스레
살려고 안 했는데
달성감옥에
몇 해를 묶여 있구나
어머니 가시고
아이는 죽으니 집은 망했고
아내는 흐느끼고 며느리 통곡하니
꿈결에도 놀라는구나

〈原詩〉
病夫非是苟求生
豈科經年繫達成
母死兒亡家己覆
妻啼婦哭夢猶警

사방득같이 기구한 신세
도망친들 무엇이 좋으랴
문천상(文天祥)의 강개한 심정이면
죽어도 영광이리
화복과 궁통은
명수에 정해진 것
병든 몸 구차히

살려고도 아니하노라

〈原詩〉
崎嶇枋得逃何樂
慷慨天祥死固榮
禍福窮通元有命
病夫非是苟求生

작자 : 心山 金 昌 淑(1879~1962)
※ 작자는 독립운동가·정치가·유학자·교육자·언론인. 乙巳五賊賣國聲討上訴事件으로 잡혀 옥고를 치렀다. 3·1운동이 일어나자 해외망명을 결심, 한국독립을 호소한 儒林團陳情書를 휴대하고 상하이로 건너가 萬國平和會義에 우송했다. 상하이 임시정부 의정원의원으로 있으면서 독립운동 자금을 모금하다가 경찰에 체포 여러번 투옥되었으며, 대구형무소에서 복역 중 해방을 맞았다.
  이 시는 달성감옥에서 14년 형기를 치르는 동안 어머니와 아들은 죽고 살아 있는 아내와 며느리가 망한 집에서 통곡할 것을 생각하며, 병든 몸을 이끌고 강개한 심경을 옥중에서 읊은 것.
출전 : ≪騎驢隨筆≫에서

카이로의 그 消息

카이로의 그 소식
만국에 전해지는데
장사들 환호성
천지를 진동하네

백림(伯林)을 소탕하는 일
온갖 계책 정해진 것이
바로 나가 강호(江戶)1)를 섬멸하고
큰 공을 온전히 하오리
요해(遼海)를 수복함은
옛 터전 다시 찾는 것이
청구(靑邱)2)의 독립은
선착이 틀림없네

온누리 지금부터
평등으로 되는 것이
문명 공덕(文明公德) 가져다
두루두루 선양하세나

---

1) 일본 東京
2) 한국

〈原詩〉
開羅消息萬邦傳
壯士歡呼動九天
掃瘍伯林群策定
直殲江戶膚功全
遼海重收遠舊物
靑邱獨立着先鞭
寰宇促今平等化
願將文德十方宣

작자 : 趙　素　昻(1887~?)
※ 카이로 선언(1943. 11. 22)의 소식을 듣고 그 기
　쁜 마음을 금치 못하는 작가의 감회와 희망의 일단
　이 절절하게 표현되어 있다.
출전 : ≪臨時政府史≫에서

勝利의 그날이

홍해(紅海)에 휘파람 소리
붕새 하늘로 나르는데
영웅 호걸 세 사람
여기서 자리 마련했다네

구름비 엎치락뒤치락
담소하는 그 중에
뇌성 번개 울리고 달리는 양
군사 호령 곁들인다네

패도(覇道)의 큰 사업
좋은 정치 없을소냐
전쟁의 큰 공은
승리의 그날이 멀지 않았네

일어나자 우리 동방
배달의 새 나라
옛 산하 다시 정하고
천년 만년 빛내보세

〈原詩〉
紅海嘯鳴鵬搏天

飛雄三傑此開筵
雲飜雨覆談笑裏
雷走電轟叱咤邊
覇恭寧無安治策
武功自許勝利年
起歟東陸新倍達
奠定山河萬世宣

　　　작자 : 晩晤　洪　震(?~1946)
　　　※ 작자는 항일독립지사. 1943년 11월 22일 카이로
　　　　 선언 소식을 듣고 당시 대한민국 임시정부 관계 인
　　　　 사였던 홍진은 그 기쁜 심회를 숨김없이 읊고 있다.
　　　출전 : ≪독립평론≫ 제1기 2·3 합병호에서

동포들아 깃발을

정 신 을

모진 일세(日勢)가 흐응
하 괴상하여 흐응
거거익심에 다 죽겠구나 흐응
아이고 대고 흐응
정신을 차리고 홍(興)

　　　　작자 : 미상
　　　　출전 : ≪大韓每日申報≫ 1909년 2월 13일자

可憐命

날타길타 흐응
네 어디 갈소냐 흥
요놈의 난쟝(倭人)아
네 명(命)이로다 아
어리화 좋다 흐응
네 가련하구나 흥

　　　　작자 : 미상
　　　　출전 : ≪大韓每日申報≫ 1909년 2월 19일자

檀 君 歌

우리 시조 단군께서
나라 집을 창립하여
태백산에 강림하사
우리 자손 두시었네
거룩하다 거룩하다 거룩하다
대황조(大皇祖)의 높은 성덕(聖德)

　　　작자 : 미상
　　　출전 : ≪大韓每日申報≫ 1909년 8월 6일자

살 한 점이 없네

내 가슴 쓸어 만져 보소
살 한 점이 없네그려
굶든 아니 하여도
자연 그러하여
아마도 우리 국권회복(國權回復)하면
이 몸 소생(蘇生)

작자 : 미상
출전 : ≪大韓每日申報≫ 1909년 8월 11일자

相逢有思

사랑하는 우리 청년들 반가운 듯이 은근한중
오늘날에 서로 만나니 나라 생각 더욱 끓었네
언제나 언제나 독립연(獨立宴)에 다시 만날까
청년들아 참 분하구나 저 원수 다 몰아내고
저 원수가 참 분하구나 소평천하(掃平天下) 소원이로세
언제나 언제나 개선가(凱旋歌)를 높이 부를까
청년들아 참 괴롭구나 이 속박을 벗어 버리고
나의 속박 참 괴롭구나 국광선양(國光宣揚) 소원이로세
언제나 언제나 자유(自由)의 종(鐘)을 크게 울릴까
청년들아 참 슬프구나 국위진동(國威振動) 소원이로세
언제나 언제나 독립기(獨立旗)를 높이 날릴까
청년들이 조국 나라를 흥케 함은 내 직분이라
망케 함은 내 책임이요 낙심 말고 분발합시다
소원을 소원을 성취할 날이 멀지 않네

작자 : 미상
출전 : ≪大韓每日申報≫ 1909년 8월 13일자

傀儡世界

풍광처처(風光凄凄) 한반도가 연극장(演劇場)이 되었구나
무도(舞蹈)하는 모양 아악 소어(笑語)하는 소리
외면(外面)으로 볼짝시면 한인(韓人)인 듯하지마는
개개괴뢰(個個傀儡)뿐이로다

괴뢰장(傀儡場)에 들어가서 일일장관(一一壯觀)하여 볼까
제1장에 들어서니 괴뢰 대신(大臣) 회의한다
프록코트(厚祿高套) 고모자로 허허 하는 한소리에

각령부령(閣令部令) 떨어지면 팔도 인민 죽어나고
조약협약(條約協約)하고 보면 삼천리가 떠나간다
그 괴뢰가 장관(壯觀)일세

제2장에 들어서니 괴뢰 기자(記者) 앉았구나
한인 신문인 체하나 등뒤에서 재리들이
오리고리 놀리는데 붓을 들고 기록하면
원수들은 구가(謳歌)하며 제나라는 장적(戕賊)한다
그 괴뢰가 장관일세

제3장에 들어서니 괴뢰 설객(說客) 지껄인다

호구사설(狐口蛇舌) 떡 벌이고 유세 연설하노라고
조조추추(啁啁啾啾)하는 모양 박첨지와 방불한데
주장하는 그 지취(旨趣)는 국민정신 말살한다
그 괴뢰가 장관일세

제4장에 들어서니 괴뢰 회원(會員) 모였구나
좌우 팔을 벌리고서 무슨 수나 있는 듯이
산취(散聚)하는 그 모양은 오작(烏鵲)같이 놀아난다
조국사상 반분(半分) 없고 부외사업(赴外事業) 웬일
인가
그 괴뢰가 장관일세

슬프도다 괴뢰배야 희대상(戱臺上)에 저 광대가
제 이익을 위하여서 등신 같은 너희들을
지금 놀려 먹거니와 이익 점유 다한 후엔
네 신세도 가련이다
조조회오(早早悔悟) 개과하야 남의 괴뢰 되지 마라

　　　작자 : 미상
　　※ 이 시는 일제의 앞잡이가 된 지식인·관리·기자·
　　　모리배들에 대한 증오를 비꼬는 투로 쓰고 있지만
　　　마지막 줄에 가서는 하루 빨리 개과하라고 은근히
　　　타이르고 있다.
　　　출전 : ≪大韓每日申報≫ 1909년 9월 8일자

耳目聰明한들

뇌성(雷聲)이 진동해도
귀먹으면 못 들으며
백일(白日)이 중천해도
소경이면 못 보나니
슬프다
이목총명(耳目聰明)한들
시국에
눈어둡고
귀먹으면
쓸 데 무슨

작자 : 미상
출전 : 《大韓每日申報》 1909년 10월 14일자

國 文 歌

「ㄱ」자 하나 쓰고 보니
기억하세 기억하세 국가 수치 기억하세
우리 대한 독립하면 영원 만세 무궁토록
강구연월(康衢煙月) 태평가에 자유 복락 누리련만
금일 수치 생각하면 죽기 전에 못 잊겠네

「가」자 한 자 쓰고 보니
가련하다 우리 동포 국대(踘大)척○하는 모양
고할 곳이 전혀 없네 무지불인(無知不仁) 창귀(倀鬼)는
월급분(月給分)에 탐이 나서 외인에게 첨부(諂附)하야
자가형제(自家兄弟) 상잔하니 기가 막혀 못 살겠네

「나」자 한 자 쓰고 보니
나라 파는 저 대관(大官)은 남산 첩경(捷徑) 쫓아가서
혼야걸애(昏夜乞哀) 일만 삼고 자가사(自家事)는 불
휼하니
권고해도 불청(不聽)이요 논박해도 무용이라
답답할사 이내 심회 저 인물은 어찌할꼬

「다」자 한 자 쓰고 보니
달아나는 저 세월을 만류할 자 누구 있나
유수같이 펄펄 흘러 한번 가면 그만이라

일분 일초 허송 말고 국가 사업 연구하야
청년시기 물실(勿失)하고 주야용진(晝夜勇進)하야
보세

「라」자 한 자 쓰고 보니
라망사열(羅網四列) 이 세계에 솟아날 곳 바이 없다
아무쪼록 정신차려 고식지계(姑息之計) 다 버리고
모험 사상 길러 내어 회회망망(恢恢茫茫) 이 천지에
저 그물을 걷어 내고 자유 행동하야 보세

「마」자 한 자 쓰고 보니
마옥(魔獄) 중에 빠진 백성 두고서는 못 죽겠네
살아 생전 갈력(竭力)하야 우리 동포 침해자를
일호 구제(駈除) 몰아내고 열강국과 병가(竝駕)하야
오양육주(五洋六洲) 너른 대지 우리 국광(國光) 빛내
보세

　　　　작자 : 미상
　　　　출전 : ≪大韓每日申報≫ 1909년 10월 22일자

魍 魎 世 界

망량이라 하는 요물 괴중(怪中)에 제일이라
범벅덩이 탐이 나서 백십위군(百十爲群) 떼를 지어
동섬서홀(東閃西忽) 분주하며 흥요빙괴(興妖聘怪)
조화부려
허다 괴변 양출(釀出)하니 이 세계가 망량천지되었구나

정부(政府)상의 대관들은 권리공고(權利鞏固) 열이
나서
한면일장(韓面日腸) 떠받들고 금일 남산 번쩍타가
명일 동경 달아나셔 외인 지휘(外人指揮)하는 대로
별별 정책 꾸며 내어 괴뢰장(傀儡場)을 화성(化成)하니
망국하는 망량이오

정당계(政黨界)의 역귀들은 편시권리(片時權利) 탐
이 나서
세세전래(世世傳來) 자가산(自家産)을
타인 수중 양과(讓過)하고
동등권을 창도(唱導)하야 무지동포(無知同胞) 우롱
하니
매국(賣國)하는 망량이오

유세객(遊說客)에 변사들은 삼삼오오 작단(作團)하야

어경어향(於京於鄕) 출몰하며
인의(隣誼)이니 교분(交分)이니
친밀하자 돈목(敦睦)하자 무지우맹(無知愚氓) 몰아
놓고
감언이설 놀려 내어 자국정신(自國精神) 말살하니
무민(誣民)하는 망량일세
후 략

작자 : 미상
※ 친일파들이 활개치는 꼴에 대한 민중의 저주가 후
　　략에서 이어진다
출전 : ≪大韓每日申報≫ 1909년 11월 18일자

애닯다 世上 사람

애닯다 세상 사람
입들만 성하여서
이러니저러니 말만 하노
실지사실(實地事實) 전혀 없어
어찌 다급한 이런 때에 말만 하노

작자 : 미상
출전 : 《大韓每日申報》 1909년 12월 2일자

그 무엇이 부족하야

사요나라 곰방와는
인인(人人)마다 예언되고
바가축쇼 하야쿠는
아동(兒童)까지 사용하니
4천여 년 조국어(祖國語)는
그 무엇이 부족하야
자국인(自國人)이 상대(相對)시에
이종(異種)격 설(舌) 본받는고

　　작자 : 미상
　　출전 : ≪大韓每日申報≫ 1910년 1월 2일자

二千萬 同胞야

정(正) 합방인지 흐응
가(假) 합방인지 흐응
일진 광풍에 집 떠나가겠네에
애고대고 흐응
2천만 동포야 흥(興)

작자 : 미상
출전 : ≪大韓每日申報≫ 1910년 1월 23일자

悔 改 洗 禮

굽은 것을 곧다 하고
미운 것을 곱다 하며
국적(國賊)을 찬송하고
애국자를 공격하며
망국(亡國)함을 희망하고
보국(保國)함을 불원하며
외인보호(外人保護) 구가(謳歌)하고
자국 독립 포기하며
마담귀설(魔談鬼說) 장찬(粧撰)하야
동포 이목 현혹하는
마보기자(魔報記者) 머리 위에
회개하는 세례 주고
　　　　　후　략

　　작자 : 미상
　　출전 : ≪大韓每日申報≫ 1910년 3월 1일자

英雄의 흘린 피가

영웅의 흘린 피가
점점이 썩지 않고
황금산의 비가 되며
백두산의 구름 되어
원한을 쾌히 씻을 때까지
오락가락

　　작자 : 미상
　　출전 : ≪大韓每日申報≫ 1910년 3월 29일자

少年冒險猛進歌

1

이천만 동포 우리 소년아
국가의 수치 네가 아느냐
천부의 자유권 차가 없거늘
우리 민족 무슨 죄로 욕을 받는가

2

나라 사랑하는 자 적지 않지만
모험 맹진하는 자 몇이 되느냐
깰지라 소년들아 험한 마당에
조금도 사양 말고 달려나가세

작자 : 미상
※ 1910년 전후에 불려진 노래
출전 : ≪日帝下의 文化運動史≫에서

禿 筆 尙 銃

괴뢰탈을 덮어쓰고 노예성을 드러내며

무렴무치(無廉無恥) 현연하게 묘당(廟堂) 간에 분주하야

생령도탄(生靈塗炭) 월시(越視)하고 어찌하면 비기(肥己)할까

어찌하면 농권(弄權)할까 몽상일념(夢相一念)

불치(不恥)하는 저 대관의 행사 행동 거거익심(去去益甚)

가소키로 경거독필(更擧禿筆) 논평일세

총리대신 이완용은 이등박문 신앙키를 상전으로

알아다가 홀지체임(忽地遞任) 의외로다

일조거세(一朝去勢)하고 보면 가옥견탈(家屋見奪) 염려되어

일인(日人) 문패 게부하고 반이타처(搬移他處)한다 하니

문패 빌린 저 일인은 복통나서 못 뺏을까

그 계책이 가소롭다

후 략

작자 : 미상

※ 이 시의 후략 부분은 內務大臣 박제순을 비롯한 당
   시 親日 賣國奴에게 독설을 퍼부은 것이다.

출전 : 具滋均 編 ≪韓末憂國警時歌≫에서

議政院祝賀歌

신대한(新大韓) 생명된 우리 의정원
2천만 피로 이루어 대업(大業)을 잡았네
정신과 성심(誠心)을 광복(光復)에 들여서
금일의 대한 독립을 세계에 전하여
백두(白頭)와 두만(豆滿)이 다하고 진(盡)토록
우리의 대한 의정원 억천 년 무궁히

작자 : 一齋 金 秉 祚
출전 : ≪韓國獨立運動史略≫에서

作 隊 歌

동포들아 일대(一隊)되어 나아가자
우리 국권(國權) 회복할 날 오늘 아닌가
활발하고 용감한 우리들 앞에 독립의 깃발은 휘날린다
만세 만세 함께 부르고 독립 독립 노래하자
피를 흘려 우리 국권 되찾기 위해
태극기를 따라서 가게 된다면
빛나는 태극기를 펄펄 날리며
용감하게 자유 종을 쾅쾅 울려라
초연 탄우(硝煙彈雨) 무릅쓰고
나가는 곳에 독립의 국권이 있나니라
뜨거운 피가 끓고 정성이 묻힌 곳 끝까지
쉬지 않고 나아갈 때 자유의 복락(福樂)은 오고 말리라

작자 : 미상
출전 : 通化顯半拉背友文館發行
1919년 6월 24일

英雄의 模範

계림(鷄林)의 계집이 될지라 해도
일본의 칭신(稱臣)은 못 하겠노라
일사(一死)를 결심한 박제상(朴堤上)의 충성
우리들은 모범으로 해야 되겠다.

일본의 황제를 상노(床奴)로 삼고
일본의 황후를 계집종삼아
부리고 만다던 석우로(昔于老)의 맹세
우리들은 모범으로 삼아야겠다

욕군(辱君)보다 신사(臣死)라 한산적(韓山賊)칠 때
적수공권에 적병을 오살(鏖殺)한 조중봉(趙重峰)
그날의 칠백 의사 큰 담략(膽略)을
우리들은 모범으로 삼아야겠다

한산도(閑山島)야 영등포(永登浦) 거북선 타고
일본배를 모조리 무찔러 버린
이순신 장군의 용맹한 전략
우리들은 모범으로 삼아야겠다

홍의천강(紅衣天降) 대장군 좌충우돌 분속(奮迅)해
쥐새끼 같은 왜적을 도처에서 친

곽재우(郭再祐)의 씩씩한 그 용맹함을
우리들은 모범으로 삼아야겠다

의병을 일으켜 싸움하다가
대마도로 잡혀 가도 일속(日粟)은 안 먹고
마침내 아사(餓死)한 최익현(崔益鉉)의 절개
우리들은 모범으로 삼아야겠다

노적(老賊) 이등박문을 노령(露領)서 습격
삼발삼중(三發三中)으로 쏘아서 죽이고
대한만세 부르짖은 안중근(安重根)의 의기(義氣)
우리들은 모범으로 삼아야겠다

　　　작자 : 미상
　　　출전 : 1915년 개성 韓英書院에서 口傳하는 창가를
　　　　　수집 발간한 것을 당시 경기도 경찰부에서 적발 인
　　　　　멸시켰다. 이것은 위의 唱歌集 중 46번째 것으로
　　　　　경기도 경무부 보고서에 일역되어 있던 것을 우리
　　　　　말로 옮긴 것.

獨 立 歌

1

동포들아 나와서 용감히
적수공권(赤手空拳)인들 무서워할소냐
정의 인도(正義人道)의 광명이 비치는 곳에
구적(仇賊)의 천군만마(千軍萬馬)에 능히 이기리

2

동포들아 깃발을 세워라
자유(自由)의 깃발을
삼천리 신대한(新大韓)의 독립정신을
세계 만방민(萬邦民)에게 포창되도록

3

동포들아 나와서 용감히
이제야 십 년의 원한을 풀 날이라
뜨거운 가슴 불타는 피를 흘릴 때
이천만민(二千萬民)은 이 일심(一心)에 죽고 살리

4

동포들아 독립만세 독립만세
외쳐라 독립만세
단군(檀君) 자손 억만대의 자유를 위해

이천만의 소리를 합해서 독립만세

작자 : 미상
※ 1919년경에 亡命憂國志士들이 불렀던 노래.

獨 立 軍 歌

1

나아가세 독립군아 어서 나가세
기다리던 독립전쟁 돌아왔다네
이때를 기다리고 십 년 동안에
갈았던 날랜 칼을 시험할 날이
나아가세 대한민국 독립군사야
자유 독립 광복함이 오늘이로다
정의의 태극 깃발 날리는 곳에
적의 군세(軍勢) 낙엽같이 쓰러지리라

2

보느냐 반만 년 피로 지킨 땅
오랑캐 말발굽에 밟히는 모양
듣느냐 이천만 단조(檀祖)의 혈손(血孫)
원수의 칼 아래서 우짖는 소리
양만춘(楊萬春) 을지문덕(乙支文德) 피를 받았고
이순신(李舜臣) 임경업(林慶業)의 후손 아니냐
나라 위해 목숨을 터럭과 같이하던
네 조상의 후손 아니냐

3

탄환이 빗발같이 퍼붓더라도

창과 칼이 네 앞길을 가로막아도
대한의 용장(勇壯)한 독립군사야
나아가고 나아가고 다시 나아가라
최후의 네 핏방울 떨어지는 날
네 그리던 조상 나라 다시 살리라
네 그리던 자유 꽃이 다시 피리라

        4
독립군의 백만 용사 달리는 곳에
압록강 어별(魚鱉)들이 다리를 놓고
독립군의 붉은 피가 내뿜는 때에
백두산 굳은 바위 길을 열리라
독립군의 날랜 칼이 빗기는 날에
현해탄(玄海灘) 푸른 물이 핏빛이 되고
독립군의 벽력 같은 고함 소리에
부사산(富士山) 솟은 봉이 무너지누나

        5
나아가세 독립군아 한 호령 밑에
질풍(疾風)같이 물결같이 달려나가세
하느님의 도우심이 우리에 있고
조상의 신령 오셔 인도하리니

원수 군세(軍勢) 산과 같고 구름 같아도
우리 앞에 티끌같이 흩어지리니
영광의 최후 승리 우리 것이니
독립군아 질풍같이 달려 나아가세

6

하늘은 밝았도다 땅은 열렸네
영광의 독립군기(獨立軍旗) 높이 날리네
수풀 같은 창과 칼에 임리(淋漓)한 것은
십년 원한 씻어 내던 핏줄기로세
빛은 낡고 해어진 우리 군복(軍服)은
장백산·낭림산을 장구(長驅)한 표효
우레같이 들려오는 만세 소리는
한양성(漢陽城) 대승리의 개가(凱歌)이로다

작자 : 미상
※ 한말 擧兵 후 10년, 만주 등지에서 구국 방략을 강
　구하던 의병투사들에게 제1차세계대전 후의 국제정
　세와 3·1운동으로 온 민족이 일어선 국내정세는
　조국광복의 조은 기회였다. 독립군들이 훈련 행진
　할 때 투지와 용기를 고무하여 주던 군가.
출전 : ≪독립신문≫ 1920년 2월 17일자·3월 1일자

勇 進 歌

1

요동(遼東) 만주 넓은 뜰을 쳐서 파하고
여진국(女眞國)을 토벌하고 개국(開國)하옵신
동명왕(東明王)과 이지란(李芝蘭)의 용진법대로
우리들도 그와 같이 원수 쳐 보세
　나아가세 전쟁장(戰爭場)으로 나아가세 전쟁장으로
　검수도산(劍樹刀山) 무릅쓰고 나아갈 때에
　독립군(獨立軍)아 용감력을 더욱 분발해
　삼천만 번 죽더라도 나아갑시다

2

한산도(閑山島)에 왜적을 쳐서 파하고
청천강수(淸川江水) 수병백만(隋兵百萬) 몰살하옵신
이순신과 을지공(乙支公)의 용진법대로
우리들도 그와 같이 원수 쳐보세
　나아가세 전쟁장으로 나아가세 전쟁장으로
　검수도산 무릅쓰고 나아갈 때에
　독립군아 용감력을 더욱 분발해
　삼천만 번 죽더라도 나아갑시다

3

배를 갈라 만국회(萬國會)에 피를 뿌리고
만군(滿群) 중에 육혈포로 원수 쏴 죽인
이준(李儁) 씨와 안중근(安重根)의 용진법대로
우리들도 그와 같이 원수 쳐보세
　나아가세 전쟁장으로 나아가세 전쟁장으로
　검수도산 무릅쓰고 나아갈 때에
　독립군아 용감력을 더욱 분발해
　삼천만 번 죽더라도 나아갑시다

　　작자 : 미상
　　출전 : ≪大韓每日申報≫ 발췌록에서

鴨綠江行進曲

1

석탄 백탄 타는데
연기가 펄펄 나구요
이 내 가슴 타는 덴
무엇으로 끄려나
　에헤야 데헤야
　혁명의 불길이 타오른다

2

서울 장안 타는데
한강수로 끄련만
삼천만 가슴 타는덴
무엇으로 끄려나
　에헤야 데헤야
　혁명의 불길이 타오른다

3

왜놈의 지원병 죽으면
개떼 죽음 되고
광복군이 죽으면
혁명의 열사(列士)가 되누나
　에헤야 데헤야

혁명의 불길이 타오른다

4

타는 말은 가자고
발굽질을 하는데
정든 님은 붙잡고
사정 사정을 하누나
　에헤야 데헤야
　　혁명의 불길이 타오른다

5

부사산(富士山)이 떠나서
태평양 보탬이 되고요
무궁화 피어서
우주의 향기가 되누나
　에헤야 데헤야
　　혁명의 불길이 타오른다

작자 : 미상
출전 : ≪大韓每日申報≫ 발췌록에서

魔 報 鬼 說

개혁(改革)이라 하는 것은
무슨 뜻을 이름이냐
내 수중에 있는 권리
남의 장중에 넣어 주고
내 국민의 소유권을
남의 인문(咽門) 넣어 주면
이걸 위지(謂之) 개혁이냐
소소백일(昭昭百日) 감림하에
괴귀지설(怪鬼之說) 너무 마라

작자 : 미상
출전 : ≪大韓每日申報≫ 발췌록에서(pp. 368~369)

擊析一聲

교육가야 교육가야……
저 마장(魔障)을 소멸차면
상담와신(嘗膽臥薪)해야 하리

학생들아 학생들아……
저 교과(教科)를 성미(成美)차면
발분려정(發憤勵精)해야 하리

신문가(新聞家)야 신문가야……
저 자유를 회복차면
열심장려(熱心獎勵)해야 하리

농업가(農業家)야 농업가야……
저 이족(異族)에 대항차면
육력근면(戮力勤勉)해야 하리

상업가(商業家)야 상업가야……
저 금융(金融)을 유통차면
민활경쟁(敏活競爭)해야 하리

공업가(工業家)야 공업가야……
저 제조(製造)를 발명차면

분등개량(奮騰改良)해야 하리

작자 : 미상
출전 : ≪大韓每日申報≫ 발췌록에서

第 一 章

동포들아 동포들아
순환하는 저 천도(天道)는
지성으로 불식(不息)하야
만천음기(滿天陰氣) 싸인 중에
양춘일맥(陽春一脈) 돌아온다
사천여재 구국(舊國)에도
신명운(新命運)이 불원하니
일심으로 진진(進進)하야
부강지역(富强之域) 울려 보세

동포들아 동포들아
사지백체(四肢百體) 장쾌하고
재혜성(才慧性) 민활하야
신성민족(神聖民族) 생긴 몸이
편시기반(片時기絆) 못 면하면
백대수치(百代羞恥) 이 아닌가
활발기상(活潑氣象) 분발하야
허다기침(許多氣祲) 쓸어 내고
무궁복락(無窮福樂) 누려 보세

　　　　작자 : 미상
　　　　출전 : ≪大韓每日申報≫ 발췌록에서

感 動 歌

1

슬프도다 우리 민족아
4천년 역사국(歷史國)으로
자자손손 복락(福樂)하더니
오늘날 이 지경이 웬일인가
　철사주사(鐵絲紬絲)로 결박한 줄은
　우리 손으로 끊어 버리고
　독립만세 우레 소리에
　바다이 끓고 산이 동켔네

2

일간두옥(一間斗屋)도 내 것 아니요
수묘도토전 내 것 못 되네
무수리 수욕도 대답 못 하네
공연한 구타도 그저 받누나
　철사주사로 결박한 줄은
　우리 손으로 끊어 버리고
　독립만세 우레 소리에
　바다이 끓고 산이 동켔네

3

한 치 벌레도 만일 밟으면

죽기 전 한 번은 꿈틀거리고
조그만 벌도 누가 다치면
그 몸을 반드시 쏘고 죽는다
　철사주사로 결박한 줄은
　우리 손으로 끊어 버리고
　독립만세 우레 소리에
　바다이 끓고 산이 동켰네

　　작자 : 미상
　　출전 : ≪日帝下의 文化運動史≫에서

少年行進歌

무쇠팔뚝 돌주먹 소년 남아(男兒)야
애국의 정신을 분발하여라
　다다랐네 다다랐네 우리 나라에
　애국의 정신이 다다랐네

　　　작자 : 미상
　　　출전 : ≪三一運動史≫에서

新興學校歌

1

서북으로 흑룡 태원 남의 영절(濘浙)의
여러 만만 헌헌 자손 업어 기르고
동해섬 중 어린 것들 품에다 품고
젖먹여 준 이가 뉘뇨
　　우리 우리 배달나라에
　　우리 우리 조상들이라
　　그네 가슴 끓는 피가 우리 핏줄에
　　좔좔좔좔 결치며 돈다

2

장백산 밑 비단 같은 만리 낙원은
반만년래 피로 찢긴 옛집이어늘
남의 자식 놀이터로 내어 맡기고
종 설움받는 이 뉘뇨
　　우리 우리 배달나라에
　　우리 우리 자손들이라
　　가슴치고 눈물 뿌려 통곡하여라
　　지옥의 쇳문이 온다

3

칼춤 추고 말을 달려 몸을 연마코

새론 지식 높은 인격 정신을 길러
썩어지는 우리 민족 이끌어 내어
새나라 세울 이 뉘뇨
　우리 우리 배달나라에
　우리 우리 청년들이라
　두 팔 들고 고함쳐서 노래하여라
　자유의 깃발이 떴다

　　작자 : 미상
　　※ 애국지사들의 망명과 더불어 독립전쟁을 위한 준비
　　　가 어려운 가운데 착착 진행되어 갔다. 우선 독립군
　　　을 이끌어 나갈 핵심간부의 양성은 급선무였다. 이
　　　러한 독립군의 전위투사를 길러 낸 곳이 바로 신흥
　　　학교다.
　　출전 : ≪獨立軍戰鬪史≫에서

光復軍 아리랑

1

우리집 부모가 날 찾으시거든
광복군 갔다고 말 전해 주소
　아리 아리랑
　스리 스리랑 아라리요
　광복군 아리랑 불러나 보세

2

광풍이 분다네 광풍이 분다네
삼천만 가슴에 광풍이 불어요
　아리 아리랑
　스리 스리랑 아라리요
　광복군 아리랑 불러나 보세

3

바다에 두둥실 떠오는 배는
광복군 싣고서 오시는 배래요
　아리 아리랑
　스리 스리랑 아라리요
　광복군 아리랑 불러나 보세

4
동실령 고개서 북소리 둥둥 나더니
한양성 복판에 태극기 펄펄 날리네
  아리 아리랑
  스리 스리랑 아라리요
  광복군 아리랑 불러나 보세

    작자 : 미상
    출전 : 任東權 편 ≪韓國民謠集≫에서

아무렴 그렇지 그렇고 말고

발 아파 못 신던 미투리신
고무신 바람에 도망을 간다
아무렴 그렇지 그렇고 말고
짚신 장사 김첨지 밥 굶는다

삼대째 내려오던 놋그릇 대롱
양궐련(洋卷煙) 바람에 도망을 간다
아무렴 그렇지 그렇고 말고
양궐련 연기에 집 떠나간다

작자 : 미상
출전 : 任東權 편 ≪韓國民謠集≫에서

徵兵으로 다 나간다

문경새재 박달나무 쓸 만한 건
홍두깨감으로 다 나가고
대장부 쓸 만한 건
징용(徵用)·징병(徵兵)으로 다 나간다

작자 : 미상
출전 : 任東權 편 ≪韓國民謠集≫에서

日本놈 일어서니

소련에 속지 말고
미국 사람 믿지 마라
일본놈 일어서니
조선 사람 조심해라

　　작자 : 미상
　　출전 : 任東權 편 ≪韓國民謠集≫에서

아리랑 타령

이씨(李氏)의 사촌이 되지 말고
민씨(民氏)의 팔촌이 되려무나
　　아리랑 아리랑 아라리요
　　아리랑 띠어라 노다 가세

남산(南山) 밑에다 장춘단을 짓고
군악대(軍樂隊) 장단에 받들어 총만 한다
　　아리랑 아리랑 아라리요
　　아리랑 띠어라 노다 가세

아리랑 고개다 정거장(停車場)을 짓고
전기차(電氣車) 오기만 기다린다
　　아리랑 아리랑 아리리요
　　아리랑 띠어라 노다 가세

문전(門前)의 옥토는 어찌되고
쪽박의 신세가 웬말인가
　　아리랑 아리랑 아라리요
　　아리랑 띠어라 노다 가세

밭은 헐어서 신작로(新作路) 되고
집은 헐어서 정거장 되네

아리랑 아리랑 아라리요
아리랑 띄어라 노다 가세

말깨나 하는 놈 재판소 가고
일깨나 하는 놈 공동산(共同山) 간다
　　아리랑 아리랑 아라리요
　　아리랑 띄어라 노다 가세

아깨나 낳을 년 갈보질 하고
목도깨나 메는 놈 부역을 간다
　　아리랑 아리랑 아라리요
　　아리랑 띄어라 노다 가세

신작로 가상사리 아까시 낡은
자동차 바람에 춤을 춘다
　　아리랑 아리랑 아라리요
　　아리랑 띄어라 노다 가세

먼동이 트네 먼동이 트네
미친 놈 꿈에서 깨어났네
　　아리랑 아리랑 아라리요
　　아리랑 띄어라 노다 가세

　　　　　작자 : 미상
　　　　　※ 경남 창원에서 채집된 것. 이런 유의 민요로서 가
　　　　　　 사를 만들어 부른 것이 예산 지방을 비롯, 남해 지
　　　　　　 방에 크게 유행되었다.
　　　　　출전 : ≪朝鮮의 民謠≫에서

신아리랑

산천초목(山川草木)은 젊어 가고
인간의 청춘은 늙어 간다
　아리랑 아리랑 아라리요
　아리랑 고개를 넘어간다

성황당(城隍堂) 까마귀 깍깍 짖고
정든 님 병환은 날로 깊어
　아리랑 아리랑 아라리요
　아리랑 고개를 넘어간다

무산자(無産者) 누구냐 탄식 마라
부귀와 빈천은 돌고 돈다
　아리랑 아리랑 아라리요
　아리랑 고개를 넘어간다

감발을 하고서 주먹을 쥐고
용감하게도 넘어간다
　아리랑 아리랑 아라리요
　아리랑 고개를 넘어간다

밭 잃고 집 잃은 동무들아
어디로 가야만 좋을까보냐

아리랑 아리랑 아라리요
아리랑 고개를 넘어간다

괴나리 봇짐을 짊어지고
아리랑 고개로 넘어간다
　아리랑 아리랑 아라리요
　아리랑 고개를 넘어간다

아버지 어머니 어서 오소
북간도(北間島) 벌판이 좋다더라
　아리랑 아리랑 아라리요
　아리랑 고개를 넘어간다

쓰라린 가슴을 움켜 쥐고
백두산(白頭山) 고개로 넘어간다
　아리랑 아리랑 아라리요
　아리랑 고개를 넘어간다

감발을 하고서 백두산 넘어
북간도 벌판을 헤매인다
　아리랑 아리랑 아라리요
　아리랑 고개를 넘어간다

원수로다 원수로다
총 가진 포수가 원수로다
　아리랑 아리랑 아라리요
　아리랑 고개를 넘어간다

　　작사 : 미상
　　출전 : ≪朝鮮의 民謠≫에서

一. 日本놈의

一. 일본놈의
二. 이등박문(伊藤博文)이가
三. 삼천리 강산에
四. 사주(四柱)가 나빠서
五. 오대산(五臺山)을 넘다가
六. 육혈포(六穴砲)를 맞고
七. 칠십 먹은 늙은이가
八. 팔자(八字)가 사나워
九. 구둣발로 채여
十. 십조가(十字街)리가 났네

작자 : 미상
출전 : ≪朝鮮의 民謠≫에서

朝支露 왜목 친다

조지로 왜목(倭首) 친다
인천 제물포 살기는 좋아도
왜놈의 등쌀에 못 살겠네
함경도 원산이 살기는 좋아도
쪽발이 등쌀에 못 살겠네

　　　　작자 : 미상
　　　　출전 : ≪朝鮮의 民謠≫에서

獨立運動歌

터졌고나 터졌고나
조선의 독립의 성(聲)
십 년을 참고 참아
인제 터졌네
삼천리 금수강산 이천만 민족
살았고나 살았고나 이 한 소리에
만세 만세 독립인 만만세
만만세 조선 만만세

　　　작자 : 미상
　　　출전 : ≪韓國獨立運動史≫에서

복수가

단군 자손 우리 소년 국치민욕(國恥民辱) 네 아느냐
부모 장사 할 곳 없고 자손까지 종 되었네
간 데마다 천대고 까닭없이 구축(驅逐)되어
잊었느냐 잊었느냐 우리 원수 합병수치를 네가 잊었
느냐
자유와 독립을 다시 찾기로 우리 헌신에 전혀 있도다
나라가 없는 우리 동포 살아 있기 부끄럽다
땀을 흘리고 피를 흘려서 나라 수치 씻어 놓고
뼈와 살은 거름되어 논과 밭에 유익되네
우리 목적 이것이니 잊지 말고 나아가세
부모 친척 다 버리고 외국 나온 소년들아
우리 원수 누구더냐 이를 갈고 분발하여
백두산에 칼을 갈고 두만강에 말을 먹여
앞으로 갓 하는 소리에 승전고를 울려
등등 만세 만세 만세 만세 만세 만세

    작자 : 미상
    출전 : ≪韓國獨立運動史≫에서

그날이 오면

님의 沈默

님은 갔습니다 아아 사랑하는 나의 님은 갔습니다

푸른 산빛을 깨치고 단풍나무 숲을 향하여 난 적은 길을 걸어서 차마 떨치고 갔습니다

황금의 꽃같이 굳고 빛나던 옛 맹세는 차디찬 티끌이 되어서 한줌의 미풍(微風)에 날아갔습니다

날카로운 첫 키스의 추억(追憶)은 나의 운명의 지침(指針)을 돌려 놓고 뒷걸음쳐서 사라졌습니다

나는 향기로운 님의 말소리에 귀먹고 꽃다운 님의 얼굴에 눈멀었습니다

사랑도 사람의 일이라 만날 때에 미리 떠날 것을 염려하고 경계하지 아니한 것은 아니지만, 이별은 뜻밖의 일이 되고, 놀란 가슴은 새로운 슬픔에 터집니다

그러나 이별이 쓸데없는 눈물의 원천(源泉)을 만들고 마는 것은 스스로 사랑을 깨치는 것인 줄 아는 까닭에 걷잡을 수 없는 슬픔의 힘을 옮겨서 새 희망의 정수박이에 들어부었습니다

우리는 만날 때에 떠날 것을 염려하는 것과 같이 떠날 때에 다시 만날 것을 믿습니다

아아 님은 갔지마는 나는 님을 보내지 아니하였습니다. 제 곡조를 못 이기는 사랑의 노래는 님의 침묵을 휩싸고 돕니다.

작자 : 萬海 韓 龍 雲(1879~1915)
※ 작자는 독립운동가이자 중, 시인이다. 나라를 잃은
  시인의 심회를 사랑하는 여인과의 이별처럼 절절하
  게 읊고 있다.

失 樂 園

온 세상이 다 웃어도
이곳뿐은 한숨이요
만 사람이 다 뛰어도
이들뿐은 수심(愁心)한다
같은 음악, 같은 노래
이들에겐 비애(悲哀)의 곡
차타조(嗟咤調)를 아룀이라
엄숙하게 찡그린 얼굴
침통의 빛 역력하다
혀 있으면 말 다 하고
붓 있으면 뜻 다 쓰리
문 자갈과 얽매인 손을
어찌 할 수 다시 없고
같은 다리 같은 머리
못 간다는 처소 있고
못 한다는 생각 있다
이목구비(耳目口鼻) 같을소냐
다같이 사람이건만
애닳구나 하루 아침
빨리 모는 떼구름에
광명 있는 온 강산이
깜깜하게 싸여져서

춤과 노래 끊어지고
불안의 빛 공포 소리
피눈물이 넘치누나
아소 이것 무삼일가
꿈이드냐 참이드냐

　　작자 : 玄　相　允(1893~?)

※ 작자는 사학자・교육가. 3・1운동 때 민족대표 48
　　인의 한 사람으로 독립운동에 참가, 복역함. 출옥
　　후 고려대학교 초대 총장이 되었고, 6・25 때 납북
　　되었다. 이 작품은 입이 있어도 말 못 하고 다리 있
　　어도 걷지 못하며, 머리 있어도 생각 못 하는 일제
　　하의 우리 민족의 처절한 슬픔을 노래하고 있다.

빼앗긴 들에도 봄은 오는가

지금은 남의 땅—빼앗긴 들에도 봄은 오는가
나는 온몸에 햇살을 받고
푸른 하늘 푸른 들이 맞붙은 곳으로
가르마 같은 논길을 따라 꿈속을 가듯 걸어만 간다

입술을 다문 하늘아 들아
내 맘에는 내 혼자 온 것 같지를 않구나
네가 끌었느냐 누가 부르더냐
답답워라 말을 해다오

바람은 내 귀에 속삭이며
한자욱도 섰지 마라 옷자락을 흔들고
종다리는 울타리 너머 아가씨같이 구름 뒤에서 반갑
다 웃네
고맙게 잘 자란 보리밭아
간밤 자정이 넘어 내리던 고운 비로
너는 삼단 같은 머리털을 감았구나
내 머리조차 가쁜하다

혼자라도 가쁘게 나가자
마른 논을 안고 도는 착한 도랑이 젖먹이 달래는 노
래를 하고 제 혼자 어깨춤만 추고 가네

　나비 제비야 깝치지 마라, 맨드라미들 마을에도 인사
를 해야지
　아주까리 기름을 바른 이가 지심 매던 그 들이라도
보고 싶다

　내 손에 호미를 쥐어 다오
　살진 젖가슴과 같은 부드러운 이 흙을 발목이 시도록
밟아도 보고
　좋은 땀조차 흘리고 싶다

　강가에 나온 아이와 같이
　셈도 모르고 끝도 없이 닫는 내 魂아
　무엇을 찾느냐 어디로 가느냐 우서웁다 답을 하려무나
　나는 온몸에 풋내를 띠고
　푸른 웃음 푸른 서름이 어우러진 사이로 다리를 절며
　하루를 걷는다 아마도 봄 신명이 접혔나 보다
　그러나 지금은 들을 빼앗겨 봄조차 빼앗기겠네

　　　　　작자 : 尙火 李 相 和(1900~1941)
　　　　※ 작자는 탐미적인 서정시를 쓴 저항시인. 빼앗긴 들
　　　　　　이란 일제에게 빼앗겼던 이 나라 이 강토를 말한다.
　　　　　　작자는 시의 첫구에 대뜸 「지금 남의 땅—빼앗긴
　　　　　　들에도 봄은 오는가」하고 기막힌 탄식과 울분을 쏟

아놓았다.

 시인은 혼자 봄들에 나섰다. 하늘과 들, 봄바람, 종달새와 보리밭, 달래, 맨드라미, 나비와 제비는 해마다 봄에 보는 풍경. 여기서 시인은 여느 봄과는 달리 한없는 슬픔을 안고 헤맨다. 다리를 절며, 봄 신명에 들린 듯이 자꾸 간다. 그러나 그것은 빼앗긴 들에 봄조차 빼앗기게 된 시국을 너무나 잘 알았기 때문이리라. 이 시는 1926년 〈개벽〉지에 발표된 것임.

나의 寢室로

마돈나 지금은 밤도 모든 목거지에 다니노라 피곤(疲困)하여 돌아가련도다
아 너도 먼동이 트기 전으로 수밀도(水蜜桃)의 가슴에 이슬이 맺도록 달려오너라

마돈나 오려무나 네 집에서 눈으로 유전하던 진주는 다 두고 몸만 오너라
빨리 가자 우리는 밝음이 오면 어딘지 모르게 숨는 두 별이어라

마돈나 구석지고도 어둔 마음의 거리에서 나는 두려워 떨며 기다리노라
아 어느덧 첫닭이 울고—뭇개가 짖도다 나의 아씨여 너도 듣느냐?

마돈나 지난밤이 새도록 내 손수 닦아 둔 침실로 가자 침실로!
낡은 달은 빠지려는데 내 귀가 듣는 발자국—오 너의 것이다.

마돈나 짧은 심지를 더위 잡고 눈물도 없이 하소연하는 내 마음의 촛불을 봐라

양털 같은 바람결에도 질식이 되어 얄푸른 연기로 꺼
지련도다

마돈나 오너라 가자 앞산 그르매가 도깨비처럼 발도
없이 이곳 가까이 오도다
아 행여나 누가 볼는지—가슴이 뛰누나 나의 아씨여
너를 부른다

마돈나 날이 새련다 빨리 오려무나 사원(寺院)의 쇠
북이 우리를 비웃기 전에
네 손이 내 목을 안아라 우리도 이 밤과 같이 오랜
나라로 가고 말자

마돈나 뉘우침과 두려움의 외나무다리 건너 있는 내
침실 열 이도 없느니!
아 바람이 불도다 그와 같이 가볍게 오려무나 나의
아씨여 네가 오느냐?

마돈나 가엾어라 나는 미치고 말았는가 없는 소리를
내 귀가 들음은—
내 몸에 피란 피—가슴의 샘이 말라 버린 듯 마음과
몸이 타려는도다

　마돈나 언젠들 안 갈 수 있으랴 갈 테면 우리가 가자
끄을려 가지 말고!
　너는 내 말을 믿는 마리아—내 침실이 부활의 동굴
(洞窟)임을 네야 알련만……

　마돈나 밤이 주는 꿈 우리가 읽는 꿈 사람이 안고 궁
그는 목숨의 꿈이 다르지 않느니
　아 어린애 가슴처럼 세월 모르는 나의 침실로 가자
아름답고 오랜 거기로

　마돈나 별들의 웃음도 흐려지려 하고 어둔 밤 물결도
잦아지려는도다
　아 안개가 사라지기 전으로 네가 와야지 나의 아씨여
너를 부른다

　　　　작자 : 尙火 李 相 和
　　　　※ 이 시는 작자가 18세 때 쓴 처녀작. 〈白潮〉 동인으
　　　　　로 창간호(1922)에 발표한 것. 시끄러운 현실(日
　　　　　帝에)을 떠나 미지(광명)의 아름다운 세계를 동경
　　　　　하는 심회를 읊었다.

떠나가는 배

나두야 간다
나의 이 젊은 나이를
눈물로야 보낼 거냐
나두야 가련다

아늑한 이 항군들 손쉽게야 버릴 거냐
안개같이 물어린 눈에도 비취나니
골짜기마다 발에 익은 묏부리모양
주름살 눈에 익은 아― 사랑하는 사람들

버리고 가는 이도 못 잊는 마음
쫓겨가는 마음인들 무어 다를 거냐
돌아보는 구름에는 바람이 혜살짓는다
앞대일 언덕인들 마련하나 있을 거냐

나두야 가련다
나의 이 젊은 나이를
눈물로야 보낼 거냐
나두야 간다

작자 : 龍兒 朴 龍 喆(1904~1938)
※ 작자는 애수·회의·상징이 주조를 이룬 섬세한 감

각의 시를 쓴 순수파 시인.

《文藝月刊》《詩文學》 창간 주재. 외국문학(독일문학) 소개에 공헌, 신극운동에도 참가함. 이 시는 젊고 씩씩하고 속에 큰 덩어리가 든 느낌이 강렬하다.

출전 : 《朴龍喆全集》에서

그날이 오면

그날이 오면 그날이 오며는
삼각산(三角山) 일어나 더덩실 춤이라도 추고
한강(漢江)물이 뒤집혀 용솟음 칠 그날이
이 목숨이 끊기기 전에 와주기만 하량이면
나는 밤하늘에 날으는 까마귀와 같이
종로의 인경을 머리로 들이받아 울리오리다
두개골(頭蓋骨)은 깨어져 산산조각이 나도
기뻐서 죽사오매 오히려 무슨 한이 남으오리까

그날이 와서 오오 그날이 와서
육조(六曹) 앞 넓은 길을 울며 뛰며 딩굴어도
그래도 넘치는 기쁨에 가슴이 미어질 듯하거든
　드는 칼로 이 몸의 가죽이라도 벗겨서
　커다란 북을 만들어 들쳐메고는
　여러분의 행열에 앞장을 서오리다
　우렁찬 그 소리를 한 번이라도 듣기만 하면
　그 자리에 거꾸러져도 눈을 감겠소이다

　　작자 : 沈　薰(1904~1937)
　　※ 작자는 시인·소설가이며, 기자·영화인. 제일고보
　　　재학중 3·1운동에 참가, 일본 경찰에 체포되어 복
　　　역, 그후 상하이에 건너가 망명생활을 함. 그날이
　　　오면, 다시 말해서 광복의 날이 오면, 나의 이 한
　　　몸 그 환희를 위해 바치겠다는 염원을 절실하게 노
　　　래하고 있다.

曠 野

까마득한 날에
하늘이 처음 열리고
어데 닭 우는 소리 들렸으랴

모든 산맥(山脈)들이
바다를 연모(戀慕)해 휘달릴 때도
차마 이곳을 범하던 못 하였으리라

끊임없는 광음(光陰)을
부지런한 계절이 피어선 지고
큰 강물이 비로소 길을 열었다

지금 눈 내리고
매화향기(梅花香氣) 홀로 아득하니
내 여기 가난한 노래의 씨를 뿌려라

다시 천고(千古)의 뒤에
백마(白馬) 타고 오는 초인(超人)이 있어
광야(曠野)에서 목놓아 부르게 하리라

작자 : 陸史 李 活(1905~1944)
※ 작자는 일제하에서 신음하는 한민족의 비극을 노래

한 저항시인. 북경에 갔다가 독립운동에 관련한 혐
의로 일제 형사에게 체포되어 그곳 감옥에서 죽었
다.
출전 : 《陸史詩集》에서

청 포 도

내 고장 칠월은
청포도가 익어 가는 시절

이 마을 전설이 주절이 주절이 열리고
먼 데 하늘이 꿈꾸며 알알이 들어와 박혀

하늘 밑 푸른 바다가 가슴을 열고
흰 돛단배가 밀려서 오면

내가 바라는 손님은 고달픈 몸으로
청포(靑袍)를 입고 온다고 했으니

내 그를 맞아 이 포도를 따먹으면
두 손은 함뿍 적셔도 좋으련

아이야 우리 식탁엔 은쟁반에
하이얀 모시 수건을 마련해 두렴

작자 : 陸史 李 活
※ 좋은 술, 좋은 골동품을 대해도 혼자 마시고 보기
　가 아까워 친구를 부르는 것이 우리의 사고다.
　　작자는 청포도 익어 가는 것을 바라보며 청포를
　입고 찾아온다는 옛친구를 기다리는 심사를 읊고

있다. 작자가 기다리는 친구란, 아마 독립운동을 하
다가 옥고를 치르고 돌아오는 벗을 상징하였으리
라. 그 동지가 좀 편히 쉬어 갔으면 하는 두터운 우
정이 구절마다 절절하다.

쉽게 씌어진 詩

창밖에 밤비가 속살거려
육조방(六疊房)은 남의 나라

시인이란 슬픈 천명(天命)인 줄 알면서도
한 줄 시를 적어 볼까

땀내와 사랑내 포근히 품긴
보내 주신 학자 봉투를 받아

대학 노트를 끼고
늙은 교수의 강의 들으러 간다

생각해 보면 어릴 때 동무들
하나 둘 죄다 잃어버리고

나는 무얼 바라
나는 다만 홀로 침전(沈澱)하는 것일까
인생은 살기 어렵다는데
시가 이렇게 쉽게 씌어지는 것은
부끄러운 일이다

육조방은 남의 나라

창밖에 밤비는 속살거리는데

등불을 밝혀 어둠을 조금 내몰고
시대처럼 올 아침을 기다리는 최후의 나

나는 나에게 적은 손을 내밀어
눈물과 위안으로 잡는 최후의 악수

　　　작자 : 尹　東　柱(1917~1945)
　　　※ 작자는 일제 말 암흑기의 대표적인 저항시인.
　　　　　이 시는 민족의 슬픔을 지성적이고 상징적으로 나
　　　　타내고 있다.

또 다른 故鄕

고향(故鄕)에 돌아온 날 밤에
내 백골(白骨)이 따라와 한방에 누웠다

어둔 방(房)은 우주로 통하고
하늘에선가 소리처럼 바람이 불어온다

어둠 속에서 곱게 풍화작용하는
백골을 들여다보며 눈물짓는 것이 내가 우는 것이냐

백골이 우는 것이냐
아름다운 혼(魂)이 우는 것이냐

지조(志操) 높은 개는
밤을 새워 어둠을 짖는다

어둠을 짖는 개는
나를 쫓는 것일 게다

가자 가자
쫓기우는 사람처럼 가자
백골 몰래 아름다운 또 다른 고향에 가자

작자 : 尹 東 柱

엮은이 약력

1928년 충남 서천 출생
고려대 법과졸업
한국일보 기자
한국문인협회평론분과위원장

저서 및 논문
≪이광수론≫ ≪김동인론≫ ≪채만식론≫
등 작가·시인론과 기타 평론 발표

항일 민족 시집 　〈서문문고 193〉

개정판 인쇄 / 1999년　2월 15일
개정판 발행 / 1999년　2월 20일
엮은이 / 신 동 한
펴낸이 / 최 석 로
펴낸곳 / 서 문 당
주　소 / 서울시 마포구 성산동 103-7호
전　화 / 322-4916~8　팩스 / 322-9154
등록일자 / 1973. 10. 10
등록번호 / 제13-16

초판 발행 / 1975년　8월 5일* 잘못된 책은 바꾸어 드립니다